知识生产的原创基地
BASE FOR ORIGINAL CREATIVE CONTENT

颉腾商业
JIE TENG BUSINESS

创新的思考
The Myths of Innovation

[美]斯科特·伯昆（Scott Berkun）著

栗长江 译

Beijing · Boston · Farnham · Sebastopol · Tokyo

O'Reilly Media, Inc. 授权中国广播影视出版社出版

中国广播影视出版社

图书在版编目（CIP）数据

创新的思考 /（美）斯科特·伯昆著；栗长江译. -- 北京：中国广播影视出版社, 2023.3
书名原文：The Myths of Innovation
ISBN 978-7-5043-8988-6

Ⅰ.①创… Ⅱ.①斯… ②栗… Ⅲ.①企业创新 Ⅳ.①F273.1

中国国家版本馆CIP数据核字(2023)第025778号

Title: The Myths of Innovation, authored by Scott Berkun
© 2021 China Radio Film & TV Press Limited Company
Authorized Simplified Chinese translation of the English edition of The Myths of Innovation © 2010 O'Reilly Media, Inc.. This translation is published and sold by permission of O'Reilly Media, Inc., which owns or controls all rights to publish and sell the same. All rights reserved.

北京市版权局著作权合同登记号 图字：01-2022-6342 号

创新的思考

［美］斯科特·伯昆　著
栗长江　译

策　　划	颉腾文化
责任编辑	杨　凡
责任校对	龚　晨
出版发行	中国广播影视出版社
电　　话	010-86093580　010-86093583
社　　址	北京市西城区真武庙二条9号
邮　　编	100045
网　　址	www.crtp.com.cn
电子信箱	crtp8@sina.com
经　　销	全国各地新华书店
印　　刷	文畅阁印刷有限公司
开　　本	710毫米×1000毫米　1/16
字　　数	176(千)字
印　　张	15.875
版　　次	2023年3月第1版　2023年3月第1次印刷
书　　号	978-7-5043-8988-6
定　　价	79.00元

（版权所有　翻印必究·印装有误　负责调换）

O'Reilly Media, Inc.介绍

O'Reilly以"分享创新知识、改变世界"为己任。40多年来我们一直向企业、个人提供成功所必需之技能及思想，激励他们创新并做得更好。

O'Reilly业务的核心是独特的专家及创新者网络，众多专家及创新者通过我们分享知识。我们的在线学习（Online Learning）平台提供独家的直播培训、互动学习、认证体验、图书、视频，等等，使客户更容易获取业务成功所需的专业知识。几十年来O'Reilly图书一直被视为学习开创未来之技术的权威资料。我们所做的一切是为了帮助各领域的专业人士学习最佳实践，发现并塑造科技行业未来的新趋势。

我们的客户渴望做出推动世界前进的创新之举，我们希望能助他们一臂之力。

业界评论

"O'Reilly Radar博客有口皆碑。"
——*Wired*

"O'Reilly凭借一系列非凡想法（真希望当初我也想到了）建立了数百万美元的业务。"
——*Business 2.0*

"O'Reilly Conference是聚集关键思想领袖的绝对典范。"
——*CRN*

"一本O'Reilly的书就代表一个有用、有前途、需要学习的主题。"
——*Irish Times*

"Tim是位特立独行的商人，他不光放眼于最长远、最广阔的领域，并且切实地按照Yogi Berra的建议去做了：'如果你在路上遇到岔路口，那就走小路。'回顾过去，Tim似乎每一次都选择了小路，而且有几次都是一闪即逝的机会，尽管大路也不错。"
——*Linux Journal*

Praise | 赞誉

出版伊始,这本经典的畅销书就在美国全国公共广播电台、微软全国广播公司、美国消费者新闻与商业频道、耶鲁大学、麻省理工学院、卡内基梅隆大学、微软、苹果、英特尔、亚马逊以及世界各地的其他主要媒体、公司和大学引发广泛讨论。

"关于创新的赤裸真相真实、有趣,令人大开眼界,但它肯定与我们大多数人的认知不同。伯昆试图通过本书让我们挣脱束缚,去尝试改变世界……"

——盖伊·川崎(Guy Kawasaki);《创业智慧》(The Art of the Start)的作者

"伯昆的书中充满了洞见与史例,不仅打破了关于创新的普遍认知误区,还告诉你如何才能使想法具备创意粘性。"

——汤姆·凯利(Tom Kelley)艾迪欧公司总经理;《创新的10个面孔》(The Ten Faces of Innovation)的作者

"当下的商界,没有任何一个词像'创新'一样遭到如此滥用。伯昆的这本著作通俗易懂,思维缜密,注重逆向思维,是一本难得的好书。"

——理查德·索尔·沃曼(Richard Saul Wurman)TED会议创始人;《资讯焦虑》(Information Anxiety)作者

"伯昆用智慧、真相和权威解读解开了人们对创意来源的误解。本书将彻底改变你对发明的看法。"

——Lifehacker.com

"本书通俗易读，一旦拿起，就不愿放下。更重要的是，它具有强大的推力：读完本书，你会忍不住去重新审视那些疯狂的想法。"

——Slashdot.org

"本书读来有趣且发人深思。"

——《伦敦书评》（London Review of Books）

"《创新的思考》与托马斯·库恩（Thomas Kuhn）、霍华德·加德纳（Howard Gardner）和埃里克·冯·希普尔（Eric Von Hippel）的著作并驾齐驱。本书将挑战你对突破性创意的认知，并激励你'孕育'自己的突破性创意。"
——史蒂文·约翰逊（Steven Johnson）《死亡地图》（The Ghost Map）和《坏事变好事》（Everything Bad is Good for You）的作者

"《创新的思考》见解深刻、令人鼓舞、发人深省、读来有趣。最重要的是，本书触及了创新的核心要义及其面临的诸多挑战。非常难得。"
——约翰·西利·布朗（John Seely Brown）；施乐帕洛阿尔托研究中心（PARC）前主管

"想要成为开拓者去改变世界，就不要守株待兔、期待闪电击中笔记本电脑的顿悟时刻，而要去学习斯科特·伯昆积累的智慧。伯昆系统而又不失风趣地打破了围绕创新过程的陈词滥调，他提醒我们，突破没有捷径——创造力本身就是对创新的回馈。"
——斯科特·罗森伯格（Scott Rosenberg）Salon.com 联合创始人；《梦断代码》（*Dreaming in Code*）的作者

"'这本书令我爱不释手！'它机智、诙谐，既有迷人的历史故事和引人入胜的名人轶事，又是无价的思想宝库。"
——理查德·法尔逊（Richard Farson）；西方行为科学研究所（Western Behavioral Sciences Institute）主席；《荒谬的管理：领导力中的悖论》（*Management of the Absurd: Paradoxes in Leadership*）的作者

"商学院教授所著的大多数关于创新的书籍基本上都属于都市传奇。本书将弥补其缺憾：阅读本书，你将踏上一次趣味横生、充满睿智的企业家精神之旅，让你超越迷思，走入现实。"
——威廉·庞德斯通（William Poundstone）；《如何移动富士山？》（*How Would You Move Mount Fuji?*）的作者

"将激励你'孕育'属于自己的突破性创意。"
——艾伦·库珀（Alan Cooper）交互设计之父；《软件创新之路——冲破高技术营造的牢笼》（*The Inmates are Running the Asylum*）的作者

"没读过这本书，我竟然懵懂地开了一家公司。"
——理查德·斯托克利（Richard Stoakley）；Overcast Media, Inc. 首席执行官

"如果你关心创新,无论是为了自己、公司还是你的学生,都需要了解创新的真相——你要走出误区。

"斯科特·伯昆的书帮你消弭误区,同时提供如何创新实践的可靠建议,而且以一种引人入胜、令人愉悦的风格加以呈现,让你在饱尝知识的同时尽享愉悦。小篇幅、浅道理、大智慧:一本关于创新的必读书。"
——唐·诺曼(Don Norman)尼尔森诺曼集团(Nielsen Norman Group)《设计心理学》(The Design of Everyday Things)的作者

"本书拂去虚夸,直入创新本质,更为重要的是剥去了创新的伪装。读完本书,你将彻悟创新的真正动力。"
——沃纳·威格尔(Werner Vogels)亚马逊首席技术官

"本书剥去了创新的神圣伪装,为现实世界中的创新者提供了洞见,致力于真正重要的创新。"
——吉姆·弗鲁赫特曼(Jim Fruchterman)标智(Benetech)首席执行官;2006年麦克阿瑟奖获得者

"伯昆向我们展示了创新不是什么,挑战了我们对创新的先入为主的观念。不管你是否同意伯昆的观点,本书都会促你思考。"
——加里·威廉·弗雷克(Gary William Flake)博士;微软Live实验室创始董事

"神话:清清白白讲故事还是散播有害的谎言?伯昆探究了有关创新的误区,揭示其如何破坏真正的组织创造力。他揭穿了神话,也为真相浮出水面提供了一个令人难以置信的有用框架,这是一本难得的好书。"

——塔拉·亨特(Tara Hunt)Citizen Agency 创始人

"伯昆在其《创新的思考》一书中解释道:'顿悟是解决棘手问题的偶然收获,'此乃顿悟的正解。"

——珍妮特·雷-杜普雷(Janet Rae-Dupree)《纽约时报》

"《创新的思考》不仅妙趣横生、见解独到、道理实用,而且特别鼓舞人心!"

——埃琳·麦基恩(Erin McKean)《牛津美国词典》编辑

"伯昆在审视围绕技术'编织'的故事时带给人一种感人的亲切感……如果有谁出于公众对新想法的恐惧而产生挫败感,那么读了此书他就会明白,创新过程的真相比神话中的描述要微妙得多。"
——约翰·H. 林哈德(John H. Lienhard);《发明的起源——新机器诞生时代历史的回声》(How Invention Begins)的作者;主播国家公共广播电台《我们的创造力的引擎》(The Engines of Our Ingenuity)节目

"如今,个人、企业和国家都在努力掌握现代世界日益增长的技术,了解日渐复杂的社会现象,只有在深刻理解创新机制的基础上方可作出有效的政策和商业决策。伯昆在其书中循循善诱,直奔主题,对涉及的相关问题进行了精彩的介绍,同时打破了常见的误区,激发了读者的求知欲。"
——科里·昂德里卡(Cory Ondrejka);林登实验室(Lincen lab)首席技术官;《第二人生》(Second Life)创始人

"这是一本易读且引人入胜的读物,揭示了成功发明家所面临的现实,揭穿了他人梦想为真的'终极大招',指明了改变我们生活的创新之物的真正创生路径。"
——博贝·戈勒(Bo Begole);普适计算实验室(Ubiquitous Computing Lab)经理,帕洛阿尔托研究中心

"我喜欢这本书。对于那些想在自家企业引领和管理积极变化的人来说,这是一本容易读的指导用书。"
——弗兰克·麦克德莫特(Frank McDermott);百代唱片公司(EMI)市场经理

"伯昆的创新指南直截了当、简洁明了、引人入胜。用一次就会尝到甜头。经常使用会大大提升你成功的概率。"
——道格拉斯·K. 史密斯(Douglas K. Smith);《摸索未来:施乐如何发明并忽视了第一台个人电脑》(Fumbling the Future: How Xerox Invented, Then Ignored, the First Personal Computer)的合著者

"伯昆的书对创新的历史以及大众对创新的误解进行了通俗易懂的分析。他揭穿了关于创新的神话,对于创新者、创新团队的管理者或创新活动的资助人均有裨益。我正在购买此书,确保实验室全体人员人手一册。"
——迈克尔·N. 尼塔巴赫(Michael N. Nitabach);耶鲁大学医学院细胞生理学系助理教授

研究准确性声明

在本书的初版中，我竭力确保史料事实、资料出处和参考文献正确无误。然而，正如你在第二章中将了解到的那样，历史比我们想象的更具挑战性。

在本版中，我们修正了40处差误，包括拼写错误、引用不当以及基于历史对事实做出的澄清，大部分都是小错，易于更正。有些更改则是因为我发现了更好的佐证以及更加便捷的参考资料。

谁也不敢保证不出错。尽管我找了许多帮手来核查事实，但依然有可能歪曲了事实或曲解了他人的著作，或者出现了新的佐证材料，与我引用的事实材料发生了矛盾。但我敢保证任何疏忽都是无意为之。更重要的是，我相信我的论点及其引发的思考颇具价值，尽管可能有不准确之处。

错漏之处一经指出，我将一如既往，不遗余力地细心查看，修订任何需要修改的文字或者需要改进的参考资料。

前言

把那些我们尊敬的人物偶像化,对他们和我们自己都没什么好处——使我们无法认识到我们同样可以奋发有为、施展抱负。

—— 查尔斯·V. 威利

前几天，我去自助洗衣店干洗衣服时，注意到一块明亮的霓虹灯招牌，上面写着"创新干洗服务"。由于写作本书的缘故（本书的书名含有"创新"一词），这块招牌激起了我的好奇心，还没来得及将手里的衬衫和裤子放进干洗机，就径直走向柜台，问道："劳驾，你们的干洗服务都有哪些创新？"收银台后面的年轻女士茫然地看着我，不知我在说什么。我不得不指着招牌解释说，我是在问霓虹灯招牌上的"创新"这个词是什么意思。她答道，那只不过是个营销的噱头而已。身为店老板的女儿，她觉得自己家的店在洗衣服的方式上并没有什么创新可言（在如何帮助客户方面也没有什么创新之举）。

"创新"一词已陷入穷途困境。没有创新的超级英雄，辗转腾挪，用创新的忍术来防止"创新"这个词遭到滥用。只是吹嘘某件东西了不起并不能使之真正了不起，但正如成功的营销和广告宣传示范的那样，人们仍然禁不住滥用夸耀的词汇。"创新"一词满天飞，它已经不具有什么具体意义了。

如今，在很长一段时间里，大多数人对创意的大部分认知都是基于七零八落的信息源得来的——无论创意来自何处，还是创意的制成品如何改变了世界。我们看电影中的成功故事，听天才的神奇传说，叹他们迸发出的洞察力——故事代代相传，但很少有人追本溯源，探究那些故事到底有没有真正发生过。当我们自己试图将创意变成现实时，却发现现实与我们的期待如此遥远，因而轻易放弃也就不足为奇了。即使我们在困惑中砥砺前行，也不过是在猜想创意变成现实的过程。我的目标是将这一切反转。

我花了数年时间研究创造性思维的历史，特别是发明和创业中的创造性思维史，挖掘传说背后的真相。我想揭开事物的神秘面纱，因为我相信弄清事实真相能给我带来学习和提升自己能力的最大机会，也可以教会别人以此行事。本书的每一章都探讨了至少一个流传最广、误导性最大的传言，目的是揭示事实，提供实用的建议和智慧支持。

本书就是这样，基于理据而非臆想，我真希望20年前我刚开始工作时有人能教给我这些东西。

在你静心开始阅读第一章之前，对于"创新"这个词，我再啰唆两句。说实话，我并不喜欢这个词，因为这个词已经用滥了，变得毫无意义。你在词典中可以找到它的许多义项，对大家比较有用的是"显著的积极变化"这个释义。如果某件事情对某个人而言代表着一种显著的积极变化，根据定义，那就是创新。然而，这样的说法也有问题，比如"我们每天都在创新"或者"我们在创新行业"，因为如果所做的是常规性的事情，何谈显著变化呢？即使确实发生了显著变化，但如此频发，也不可能导致积极的变化（除非有极少数人想从混乱中牟利）。因此，谁要是动辄使用"创新"一词，我肯定要和他理论一番。

这个定义也促使言说者站在受众的角度去理解"创新"这个词。如果某物对客户来说是一个积极的改变，即使某种想法已存续多年，对客户而言依然称得上是创新。这很好：任何人要把某事或某物称为创新，需要确保客户也乐于使用"创新"这个标签（或者他们会说，"这是个显著的积极变化"），这或许意味着，对你来说老旧乏味的东西对他人而言却炙手可热。世界上有几亿人用不上电、喝不上清洁的饮用水，如果你在他们的小屋旁开一个7-ELEVEN便利店，冰箱、上下水和无线网一应俱全，他们肯定会把便利店和里面所有的东西都称为创新。同样，如果一个太空外星人开着一个老旧、快散架的曲速引擎飞行器降落在你的后院，虽然这个东西是那个外星人及其伙伴用了多年的物件儿，但对你来说，仍然是一个新奇之物。

为了践行我的主张，创新这个词在早期手稿中出现过150次，而在本书的精装本中被缩减到 65 次。在本平装版中，我增添了 4 章全新的内容，重点探讨如何将创意变成现实，因而"创新"这个词出现的频率稍高了些。[①]但我还是刻意减少"创新"这个词的使用频率，目的是迫使自己更加清晰地表述观点。我建议你也这样做。如果你想说，"我们想要扩展业务"，这样直说就好了，不要用"创新"这个字眼粉饰你的本意。如果你想让别人把你们的公司视为富有创造力的公司，这无可厚非。也许你的抱负是让产品引领市场，或者让用户感受激情和快乐，这当然很好，那就把这些词都写下来，但别用"创新"这个词。在个别情况下，你确实承受了必要的重大风险去实现显著积极的改变，那就具体谈谈重大风险是什么，显著积极变化是什么。与被滥用的营销术语相比，你的具体表述能够感召和鼓舞更多人。

祝健康平安、勇往直前、开心快乐！希望下次旅途中依然有你相伴。

斯科特·伯昆

美国华盛顿州西雅图

2010 年 8 月

[①] 这 4 章中有 3 章曾载于 www.scottberkun.com 网站上，本书进行了大幅修改。

Contents｜目录

第 1 章
顿悟的神话　　　　　　　　　　001

第 2 章
创新史，我们懂　　　　　　　　017

第 3 章
创新有道　　　　　　　　　　　037

第 4 章
新想法受人青睐　　　　　　　　057

第 5 章
唯一发明人　　　　　　　　　　073

第 6 章
好创意难寻　　　　　　　　　　089

第 7 章
创新这事儿，老板比你懂　　　　105

第 8 章
最佳想法胜出　　　　　　　　　119

第 9 章
问题与方法　　　　　　　　　137

第 10 章
创新向善　　　　　　　　　149

第 11 章
超越浮夸和历史　　　　　　　　　165

第 12 章
用创造性思维谋突破　　　　　　　　　181

第 13 章
如何推销想法　　　　　　　　　191

第 14 章
如何保持斗志　　　　　　　　　205

附录
研究与推荐　　　　　　　　　212
图片版权　　　　　　　　　227
致谢　　　　　　　　　229
如何帮助推广本书：
作者的一个请求　　　　　　　　　233
作者简介　　　　　　　　　235

第 1 章

顿悟的神话

在谷歌主楼大厅等候时,我偷偷溜到了一个进入谷歌大楼参观的团队的队尾。这些由高管和业务经理组成的参观团就像孩子们进入了糖果厂,眼睛一闪一闪——完全被谷歌刻意打造的创意工作环境吸引了。没人注意到我的潜入,我们一起漫步在巨高天花板下的开放空间里,这样的开放空间不仅色彩明快,而且孕育着创造力。每个房间或过道都有豆袋椅、乒乓球桌、笔记本电脑和拉尔弗玩具,到处都是共享游戏、脑筋急转弯和定制的高科技小玩意儿。氛围是那种麻省理工学院媒体实验室、财富 500 强企业和设计古怪的私人图书馆的愉悦混合体,年轻、聪明、笑眯眯的人士徜徉其中。对于参观团中的那些职场新手而言(那些在公司小隔间办公,虽然到处碰壁但依然挣扎的打工人),谷歌的景象是神秘的,宛如工作仙境。他们萌生的对谷歌的惊叹正好可以为我的"尾随"打掩护,使我得以观察他们对这条通向创意世界的特殊进路的反应(见图 1-1)。

图 1-1　谷歌位于加利福尼亚州的山景城主办公区的富有创意的内部结构之一

这次参观时值 2006 年，谷歌公司搬到山景城总部之后。在那里我直观感受到了谷歌生活的有趣情景，例如，自助餐厅提供免费的有机午餐，什么犄角旮旯都有（如楼梯间）笔记本电脑的电源插座，这样舍得投入是为了确保谷歌员工始终能够找到他们的最佳创意。当我正想象贝多芬或海明威这两位以易于冲突著称的伟大思想家能否在这样一个氛围中抑制个性谋求发展时，访客们的问题吸引了我的注意力。一个年轻的职业女性几乎难掩尴尬，问道："搜索引擎呢？我们要去看看吗？"只有一半的人笑了（没有单一的"引擎"——只有无数的运行搜索引擎软件的服务器计算机）。

第二个问题虽然是私下问的，但却关乎本质。一个三十多岁的男人转向他的同伴，凑近耳语。我竭力去偷听，但要让人看起来不像是在偷听。他的一只手背在身后，指了指远处的年轻程序员，问道："我看到他们在说话和打字，但他们什么时候会想出点子？"他的伙伴挺直身板，环顾四周，仿佛去搜寻同伴没能发现的东西：一条秘密通道，顿悟机器，或者也许是一群施展创造力咒语的黑袍天才。他什么也没找到，耸了耸肩。他们叹了口气，继续参观，我没有跟随，而是走开去凝思我的观察。

任何访问研究实验室、艺术家工作室或发明家工作室的人都会想到"创意从何而来"这样的问题。这是我们希望看到的秘密——新事物诞生时的那种神奇。即使在像谷歌这样培育创造力的环境中，拥有最优秀和最聪明的员工，想法的难以捉摸性也让我们好奇而不安。我们希望创造力就像打开汽水罐或咬一口三明治，属于那种易于观察的机械的东西。然而，同时，我们认为创意很特别，创意的产生需要一些超出我们日常所见的现象。结果是，在参观一些神奇的地方时，即使我们可以与创意者本人全方位接触，也不足以使我们确信我们看到了真实的东西。我们仍然怀疑在运行的传感器安全系统或银行金库门后面有绝密的房间，创意就像金条一样在里面被整齐地码放在一起。

在谷歌、麻省理工学院和艾迪欧公司（现代创新的温床）创立之前的几个世纪里，我们一直都在努力解释任何类型的创造，从宇宙创造论本身到我们身边的众多创意思路。虽然我们有能力制造原子弹、干洗丝绸领带，但我们仍然无法对简单的问题给出令人满意的回答，例如，歌曲从何而来？奶酪是否有无限的口味种类？为什么莎士比亚和斯蒂芬·金创作出如此多的作品，而我们却仅仅满足于观看重播的情景喜剧？常识性答案往往无法令人信服，因此使误导性的、虚幻的误传得以泛滥。

一个弥天大谎是关于艾萨克·牛顿的传说和万有引力的发现。正如人们常说的，牛顿坐在一棵树下，一个苹果落在他的头上，万有引力的想法就此诞生了。这种说法只是有趣而并非真实，将想法的奥秘变成了天真、明显、唾手可得的东西。与通过努力工作、冒个人风险和付出牺牲方可获得不同，这个误传暗示伟大的创意垂青那些有幸在正确的时间出现在正确的地方的人。故事的催化剂甚至不是一个人：它是悲伤的、无名的、想寻短见的苹果。

关于牛顿是否观察到苹果掉落，是有争议的。他当然从未被苹果砸中过，除非有秘密证据表明，他在剑桥学习期间发生了兄弟会的食物大战。即使发生了所谓的苹果掉落事件，这种传说也将牛顿付出二十年的辛苦去解释重力现象的功劳大打折扣。正如哥伦布没有发现美洲一样，牛顿实际上也没有发现重力——埃及金字塔和罗马斗兽场证明了人们早在牛顿之前就理解了重力概念，只是他比之前的其他任何人都更准确地解释了重力原理。这种贡献固然很重要，但不等同于发现。

从苹果传说中得到的最好真相是，牛顿是一个满足好奇心的人，肯花时间观察世界万物。他观察天上的星星，研究光如何在空气中移动，这都是他了解世界的科学工作的一部分。他研究重力并非偶然。即使这个传言是真的，他确实看到了一个苹果掉下来，但他根据普通现象做了很多其他的观察，因此，他的想法不可能只是受到公园里苹果掉落的启发。

牛顿的苹果传说是一个关于顿悟或"某物的本质或意义的突现"① 的故事，在创新迷思中，顿悟起到了重要的作用。

顿悟这个词有宗教渊源，最初是指所有的洞察力都来自神力。这并不奇怪，因为包括基督徒在内的大多数早期神学家② 都将上帝视为宇宙中唯一的创造力来源。人们通常认为，如果它具有创造性，则是神圣的；如果它是衍生的，则是常人的。如果你向轮子的第一个制造商③ 索要签名，他可能会因为你想要他的名字而不是上帝的名字而生气（不知道他会怎么看待查尔斯·固特异先生和他的同名轮胎）。④

今天，我们在没有意识到顿悟承载神力的情况下使用顿悟这个词，如"我对怎样重新布置我的壁橱有了顿悟"。虽然顿悟的宗教内涵被遗忘了，但其含义仍在：我们暗示我们不知道想法源自哪里，因而也不会去捞取功劳。甚至我们用来描述想法的语言——它们"来到"我们身边，或者我们必须"找到"它们——暗示它们存在于我们之外，超出我们的控制范围。有时，我们不能将情书、商业计划书和小说落于纸面，想藉此减轻愧疚感时，这种思维方式颇有裨益，但对提高我们与生俱来的创造才能几乎不起作用。

---

① 这个释义近似于韦氏在线词典的第三个义项，前两个义项都是带有宗教性质的：http://www.m-w.com/dictionary/epiphany。

② 罗伯特·阿尔伯特，马克·A. 朗科. 创造力研究史 // 罗伯特·斯特恩伯格. 创造力手册剑桥：剑桥大学出版社，1998：16-20。

③ "轮子的第一个制作商"这样的提法属于用词不当，实际上第一个用于实际用途的轮子可以追溯到公元前3 500年左右。请查阅http://www.ideafinder.com/history/inventions/wheel.htm。

④ 橡胶轮胎曾经是一项重大创新，而固特异公司的发展史非常值得一读：http://www.goodyear.com/corporate/history/history_overview.html。

希腊人特别热衷于超自然力量的想法，他们为此创造了一整群女神（不是一个，而是九个）来代表创造力；《伊利亚特》和《奥德赛》都是以呼唤女神的名字开篇。① 这九位女神或缪斯是作家、工程师和音乐家祈祷的偶像。即使是当时的伟大思想家，如苏格拉底和柏拉图，也建造并参拜了专门为他们心中的缪斯（或缪斯们，有些喜欢多个缪斯）修建的神龛。现在，在我们凡夫俗子常去的地方，我们用语言来尊重这种信仰，因为像"museum"（博物馆："放缪斯神像的地方"）和"music"（音乐："缪斯的艺术"）等词的词源均来自希腊语"muse"（缪斯），将思想视为超人的力量。

当惊人的创新出现并改变当今世界时，对创新的首次报道让人想起了过去的那些传说。无论是记者还是读者，首先转向神奇的顿悟时刻，全然不顾准确性而热衷于顿悟神话。万维网的发明者蒂姆·伯纳斯·李解释道：

> 记者们总是问我，关键的想法是什么，或者是什么特定事件让网络在某一天出现而以前却没有出现。我告诉他们，没有什么灵光乍现，他们很沮丧。与用苹果落在牛顿的头上这一传说来证明万有引力的概念不同，万维网的问世是一个渐进的过程（逐渐累积）。②

无论他怎么解释围绕万维网的设计组织了多少次专题讨论、研发过程中收到过多少建议、经历过多少反复，但记者们和读者们想要了解的就是那个网络"乍现"的神奇时刻。

易贝公司③创立之初一直努力争取媒体的关注和宣传。他们想要创造

---

① 荷马.伊利亚特.伦敦：企鹅出版集团，1998；荷马.奥德赛.伦敦：企鹅出版集团，1999。
② 蒂姆·伯纳斯—李.编织网络.纽约：哈珀·柯林斯出版社，1999。
③ 亚当·科恩.易贝内幕故事.波士顿：后湾书社，2003。

一个完美的市场经济平台，通过平台人们可以自由交易，但这样的真实叙事太过学究气了，引不起记者的兴趣。直到他们发明了一个准爱情故事，才得到媒体的垂青。该故事是关于创始人如何创办了易贝公司，以便让他的未婚妻能够交换皮礼士糖果盒。市场交易的真实故事不像恋人之间缪斯式的灵感故事那样令人钟爱。皮礼士的故事是20世纪90年代最流行的公司创业故事之一，尽管创始人坦白了故事纯属虚构，但是人们依然津津乐道。轶事往往比真理更让我们心满意足，这就是为什么传言能罔顾事实而得以长久流传。这就引出一个问题：将真相塑造成一种"千年迷思，一朝顿悟"的形式是一种谎言，还是聪明的公关手段？

牛顿的苹果故事广为流传也要归功于当时的记者们。伏尔泰和18世纪其他流行作家在他们的散文和信件中也传播了这个故事。公众乐于听到这种神奇化了的老故事，不仅全盘接受，甚至还添枝加叶。例如，苹果的轨迹随着时间的推移发生了变化，开始是牛顿在远处观察苹果，后来变成苹果落在了牛顿脚下，而几十年后在艾萨克·迪斯雷利[①]的故事版本中，又变成苹果砸在了牛顿的头上。通过渲染，伏尔泰帮助普及了牛顿的思想，但两个世纪后，牛顿的科学研究过程很少有人记住：轶事旨在宣传而非教育。任何想要创新的人都必须寻找更为可靠的源头，而厘清创意的发展脉络是一个很好的开端。

创意绝非孤立存在

用来打字的电脑键盘就涉及几十个创意和发明，包括打字机、电、塑料、书面语言、操作系统、电路、USB连接器及二进制数据。如果你从世界发展史上删除了上述任意一种东西，我面前的键盘（以及你面前的书）

---

① 艾萨克·迪斯雷利.文学趣论：基于作者的生平与写作.威德尔顿，1872。

就会消失。像所有发明创造一样，键盘是已有物的组合。这种组合可能是新颖的，或者以一种创新的方式被使用，但这些材料和点子在键盘问世之前就在某地以某种形式出现了。同理，手机（电话、电脑和无线电波）、荧光灯（电力、先进的玻璃造型和基本化学知识）和 GPS 导航（太空飞行、高速网络、原子钟）也是已有物的组合。任何看似宏大的想法都可以分为无限小的、先前已知的想法。科学历史学家詹姆斯·伯克主持制作的科学历史系列片《文明的纽带：人类科技史话》致力于探索贯穿历史的思想及其渊源之间的奇妙联系。①创新也是沿袭类似的模式。大多数情况下并没有某个特定的神奇时刻，而是随着时间的推移，许多小的思想火花积累起来。电子学、网络和数据包交换软件等经过近 40 年的创新发展才为蒂姆·伯纳斯·李创建万维网打下基础。②电冰箱、激光器以及洗碗机经过几十年点滴的创新积累、克服了无数次文化及技术上的障碍才摆脱失败，铸就真正意义上的商业创新。人们乐于将伟大的创意传奇化，但只有将点滴的创见累加在一起方可孕育伟大的创意。

然而，只有通过亲自尝试创新或创业，才能超越传奇化的认知，从而认识到真正的挑战。读那些关于列奥纳多·达·芬奇、托马斯·爱迪生或杰夫·贝索斯的肤浅的、被神化的轶事，我们很容易被误导，以至于在完全不同的情境下去模仿他们的行为（或者全然不顾自己智力水平一般这个现实）。这些被神化的轶事的影响非常深远，许多人在得知仅有一个金点子不足以使人取得成功时会深感惊愕。创新需要付出艰辛的工作和点滴创见的累积，而许多人不想要过程，只想要结果。顿悟的神话诱使我们相信，茅塞顿开的神奇时刻是伟大的催化剂。然而，所有证据表明，顿悟时刻只

---

① http://en.wikipedia.org/wiki/Connections（电视系列剧）。
② 见互联网时间轴：http://www.pbs.org/opb/nerds2.0.1/timeline/。

不过起到一种辅助作用。

理解顿悟的一种方法是想象做拼图游戏。当你把最后一片拼好,拼图就此成形时,是因为最后一片有什么特别之处吗,抑或是因为你的穿着有什么独特之处吗?之所以最后一片非常重要,唯一的原因就是你已经把其他组片拼好了。如果你再次把拼图弄散,其中任何一片都有可能成为那最后的、神奇的一片。顿悟也是同样的道理:最重要的不是苹果或那个神奇的时刻,而是之前和之后的工作(见图1-2)。

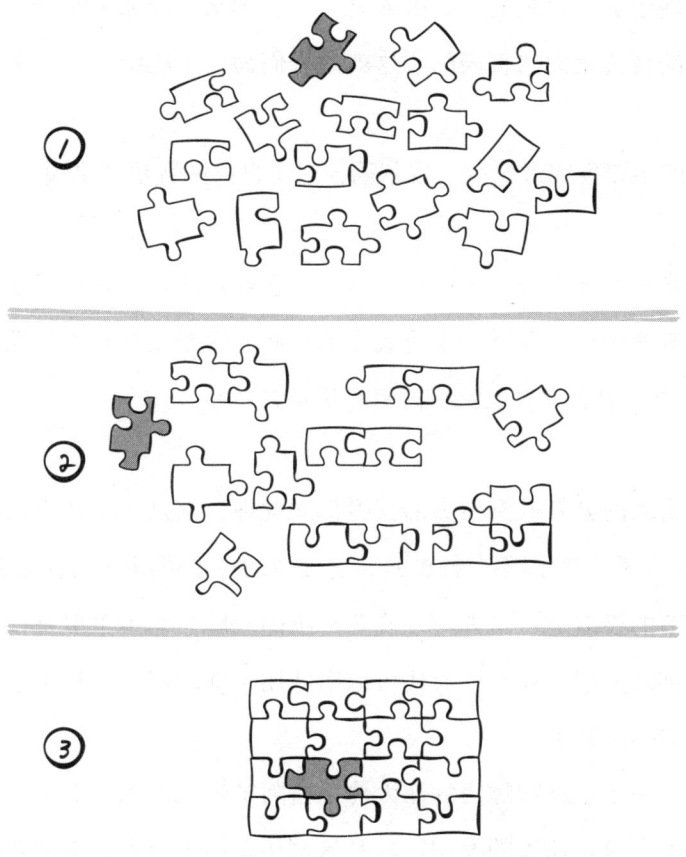

图1-2 顿悟就是最后一片拼接到位的那一刻。然而,最后一片并不比其他组片更为神奇,没有其他组片的连接,最后一片便没有什么大不了

当最后一片拼接到位时，拨云见日的神奇感觉顿现，这出自两个原因。第一个原因是，这是对数小时（或数天、数月）付出的回报。与组装拼图的简单动作相比，我们能感受到的是数百块拼图拼在一起时的欣喜。第二个原因是，创新工作不像拼图游戏那样可预测，因而无法预知茅塞顿开的时刻何时到来。我们期待那个惊喜时刻，就像在寒冷的浓雾中徒步爬上一座陌生的山一样，你会永远不知道你要走多远才能到达山顶。当天气突然放晴，发现已然到达山顶时，你顿觉心潮澎湃。你期待那个时刻的到来，但又不能确定那个时刻何时到来或者会不会到来，而那个时刻一旦到来，那种内心的喜悦是无法言表的（这就是人们为什么爬山、为什么搞发明的原因之一）。

激光的主要发明者戈登·古尔德，对于自己的顿悟如是说：

> 在一个周六的午夜……灵感闪现在我的脑海，我悟到了如何制造激光……但灵感乍现是我在物理和光学领域努力的结果——20年辛苦的研究才把发明的组片拼接在一起。

任何重大的创新或洞察力的获得都同此理，都是将复杂拼图的最后一片拼接到位。但与拼图不一样的是，这无数的点子可以有无数种拼接方式，所以，创新的挑战之一是如何发现要解决的问题，而不单单是找到解决方案。用于创新的组片在某一天还可以重新用于新的创新，只不过是去解决一个不同的问题罢了。

另一个关于创新和顿悟的伟大传说是阿基米德的尤里卡（我找到了）故事。故事大意是伟大的发明家阿基米德接受国王诏令，检验礼物是否为假金子所造。一天，阿基米德进浴缸洗澡时观察到水的移动，于是想出了一种解决问题的新方法：知道一个物体的体积和质量，便可算出它的密度。他赤身裸体地跑到街上，大喊着"尤里卡！"（我找到了）。这怪异的举动也许会让困惑的旁观者惊愕地暗骂，这厮到底一直在寻找什么。

就像牛顿的苹果故事，尤里卡故事被忽视的部分是，阿基米德在洗澡前花了大量时间试图解决问题，但无果而终。记述太过简要，但我觉得阿基米德是为了缓解创新的压力才去泡一澡。① 与谷歌的员工或麻省理工学院媒体实验室的工作人员不同，阿基米德没有与朋友一起玩拉尔弗玩具武器或到沙滩排球场排解情绪。所以，正如那些关于顿悟的神话一样，我们听到的是阿基米德"最后一片拼接到位"的故事，而其他组片是如何拼搭的却只字未提。

在米哈伊·奇凯岑特米哈伊的《创造性：发现和发明的心理学》② 一书中，他研究了近100个创造性人士的思维过程，包括罗伯逊·戴维斯、斯蒂芬·杰伊·古尔德、唐·诺曼、莱纳斯·鲍林、乔纳斯·索尔克、拉维·尚卡尔、爱德华·威尔逊等。他没有用穿刺和脑部扫描来做临床研究，而是研究创新者个人的独到见解。他想理解他们对创新的看法，那种不被硬科学严谨的研究过程抑制甚至蒙蔽的最本真的看法。

米哈伊·奇凯岑特米哈伊的一个目的是了解顿悟以及顿悟是如何生成的。通过研究，他观察到了一个共性，即顿悟经历三个阶段：顿悟前、顿悟中和顿悟后。③ 在顿悟闪现的早期阶段，创新者已经花费了数小时甚至数天用来思考问题，沉浸其中。创新者可能会问这样的问题："世界上还有什么是这样的？"以及"谁已经解决了和我遇到的问题类似的问题？"

---

① 尤里卡故事最著名的版本见：维特鲁威.建筑十书.肯特郡：多佛，1960：253-255.这本书是西方历史中第一本设计的模式语言，记录了维特鲁威时代的罗马建筑技术。
② 米哈伊·奇凯岑特米哈伊.创造性：发现和发明的心理学.纽约：哈珀·珀林奈尔出版社，1997。
③ 米哈伊·奇凯岑特米哈伊记述了顿悟的五个阶段，但出于本章的目的，我将其简化为三个阶段。

创新者尽其所能地思索该问题，探索该问题的相关领域。之后是"孵化"期，吸收知识，进行试验并尝试各种解决问题的方法。有时，在"孵化"期会出现长时间的停滞不前，会使人信心减弱，希腊人称之为"失去缪斯"。

重大的见解如果出现，通常发生在孵化的深处，大脑可能在那些停滞期"反刍"观察到的事物。奇凯岑特米哈伊解释道："在'孵化期'对发生的事情所做的认知解释，意味着我们在没有意识到的情况下，甚至在睡觉的时候，大脑依然在进行某种信息处理。"我们的潜意识在创造性思维中扮演着重要的角色：它们可能是我们传奇化的、无法解释的见解的来源。当某种萌生的想法浮现并进入我们活跃的大脑时，就会感觉它来自其他某个地方，因为，比如在剪草坪时，我们没有意识到我们的潜意识思维活动。

从牛顿和阿基米德的轶事中得到的最好启示是：既要充满激情地工作，也要挤出时间休息。坐在树下休息，或在泡澡放松一下，这样可以让大脑漫游，让潜意识为我们做事。[①] 物理学家、作家弗里曼·戴森对此表示赞同："我认为空闲非常重要……那些一直忙个不停的人通常都没有创造力，所以我不以休闲为耻。"当然，这并不是说休闲重要，而研究无关紧要，而是说把做某种事当作放松才能使交替做事情这一方式产生最大效益。

一些创新者属于工作狂，他们同时开展多个项目，有效地把做一个项目当成做另一个项目前的休闲活动。爱迪生、达尔文、达·芬奇、米开朗基罗及梵高都经常在不同的项目之间切换，偶尔也会在不同的领域切换，这可以加速想法的交流，在他们的脑海中播下新见解的种子。

牛顿的苹果故事和阿基米德的尤里卡故事的真相之一是：突破的触发

---

① 有一些神经科学研究验证了白日梦在孕育创造力中的重要性。参见：http://www.boston.com/bostonglobe/ideas/articles/2008/08/31/daydream_achiever/。

因素可以来自某个普通地方。有研究表明，有创造力的人更喜欢把不相关的想法联系起来。① 理查德·费曼观察到学生们在康奈尔大学的食堂里旋转盘子，他很好奇，并最终将这种行为的数学原理与量子物理学中一个未解之题联系起来，这为他赢得了诺贝尔物理学奖。毕加索发现一辆破自行车，给它重新装上车座和车把，摆成公牛造型，成就了一件杰作。洞察力的关键是观察，而不是智商值或智慧超群。达·芬奇的技术发明就是从观察自然中获得灵感的，他几百年前写的这段话一语中的：

> 站着不动，静观那些纯粹偶然形成的图案：墙上的污渍，壁炉里的灰烬，天空中的云，海滩上的砾石或其他东西。仔细观察它们，你或许会有奇迹般的发明。

在心理学书籍中，把两个不相关的概念放在一起并找出它们之间的联系，这种天赋被称为联想能力。迪恩·西蒙顿在其著作《科学中的创造力：改变、逻辑、天才和时代思潮》中指出："联想障碍低的人可能会考虑将凭过去经验没有联系的可能或者很难找到逻辑关联性的想法或概念联系起来。"② 重新审视一下这句话：它跟精神错乱的各种定义没有什么区别。区分精神异常和富有创造力就像走钢丝，不是偏倒在这边，就是偏倒在那边，这就解释了为什么许多伟大的人物被讥讽为怪胎。他们勇于将貌似毫无逻辑关联的想法联系起来，或者指出常人很难觉察的关联性，这不可避免会导致别人品头论足（难怪会有"疯疯癫癫的科学家"及"不可捉摸的

---

① 有一些神经科学研究验证了白日梦在孕育创造力中的重要性。参见：http://www.boston.com/bostonglobe/ideas/articles/2008/08/31/daydream_achiever/。

② 迪恩·西蒙顿.科学中的创造力：改变、逻辑、天才和时代思潮.剑桥：剑桥大学出版社，2004。

艺术家"这样的刻板印象）。产生新思想需要致力于常人起初无法理解的问题与进路，因而使许多真正的创新者被孤立、被误解。

超越顿悟

如果我们列一份能在未来十年改变世界的最惊人的突破性创意的清单，这些创意无一例外都将是艰辛工作的结晶。历史上没有什么伟大的创新能逃出这样一个历程：先是漫长的时间投入，获得灵感，进而加以应用，最终创造出某种对世界有用的创新产品。正如万尼瓦尔·布什在1945年发表的一篇题为《诚如所思》①的文章中提到的那样，想象世界和平或互联网是一回事，但要把此类想法拆解成可以组合的小创意，哪怕有这样的企图，那可就是另外一回事了。

奇凯岑特米哈伊将把理念转化为实用功能这个阶段的创新描述为"花费时间最多，付出最多辛苦"的阶段。科学家不仅要有所发现，还要通过研究向他人证明发现是成立的。牛顿远不是第一个考虑重力的人，但他是那个时代唯一通过多年研究准确阐释重力原理的科学家。20世纪60年代的电视节目《星际迷航》里就有了手机的创意，但经过了几十年的技术研发和改进才把创意转化为实用产品（当然，《星际迷航》中的许多科幻理念还没有转化为现实），更不用说需要多少厂商和服务支持才使手机这种电子产品让全世界的消费者都买得起。伟大的创意只是真正创新海洋中的一朵小小浪花。

看待顿悟最有用的方式是，把顿悟看作解决难题过程中时不时得到的奖励。大部分创新没有所谓的顿悟时刻；即便有那么一次，也全然不知下

---

① 推荐阅读万尼瓦尔·布什的文章。它没有夸张渲染，而是将愿景拆解为更小的、更实际的问题（这是对今天那些有远见之人的一个暗示）：http://www.theatiantic.com/doc/194507/bush。

一次何时到来。即使在传说中，牛顿也只有一次苹果故事，阿基米德也只有一次尤里卡事件。如果只专注于神奇的时刻，那么往往抓不住事情的关键。第一个微处理器（英特尔的4004）的发明者特德·霍夫说："如果你一直在等待那个美妙的突破，可能什么也等不来。相反，你应该专心做事。如果你发现什么东西有发展前景，就要咬定青山不放松。"

20世纪，几乎每一次重大创新都没有出现过什么顿悟时刻。万维网、网络浏览器、电脑鼠标和搜索引擎，这四个商业和技术史上的关键进展都经历了长期的创新、实验和发现。这些创新需要几十个个体和组织的参与，历经数年（甚至几十年）才取得成果。马赛克和第一个流行的网景浏览器并不是凭空发明出来的。各种形式的超文本浏览器已经存在多年，创新人士把其中的一些想法应用到互联网的新背景下。搜索引擎并不是谷歌的创始人一夜之间发明出来的——他们为此奋斗了好几年。亚马逊在20世纪90年代末期互联网繁荣背景下的惨烈竞争中脱颖而出，这家著名网站的创始人说："不能这样想，以为'上帝呀，我们发明了这个以前没人见过的令人难以置信的东西，没人会超越我们'。"[①] 相反，他们像大多数创新人士一样，无论是在科学、技术还是创业方面发现了一系列机会，并充分利用了这些机会。彼得·德鲁克在《创新与企业家精神》中为每个等待"缪斯女神"的人提供了如下建议：

> 成功的企业家不会等着"缪斯女神"亲吻他们，给他们一个"绝顶的创意"，而是会踏实地工作。他们根本不会去寻找什么"彻底改变行业""创造亿万产业"或"使人一夜暴富"的伟大创新。

---

① 肯尼斯·A. 布朗. 创新者说：十六位杰出发明家访问录. 微软出版社, 1988。

那些抱着这种想法的企业家，想迅速将产业做大，注定会惨遭失败。他们肯定会铸成大错。貌似巨大的创新可能只不过是技术精湛而已；而貌似不起眼的创新，像麦当劳的创新那样，却可能成就规模庞大、利润丰厚的产业。

任何成功的科学家、技术专家或创新者也是如此。重要的是清楚地看到问题，有能力解决问题。这两项任务无论多么乏味，都是实实在在要做的工作。无论顿悟多么雅致，因其不可控性，大多与成功无关。即便存在一个顿悟的精灵，赋予创新者一个大创意，创新者依然需要去做许多常规性工作才能将创意变成现实。找到一个好创意是一种成就，用好创意造福世界则是更大的成就。

第2章

创新史,我们懂

历史是由那些胜利者和统治者书写的。

——爱德华·赛义德

历史是被普遍认同的谎言。

——伏尔泰

历史是黑暗深渊里的一支微弱的蜡烛。

——W. S. 霍尔特

事实上，历史是时代的见证，是真理之光。

——西塞罗

在伦敦大英博物馆的埃及馆，我在罗塞塔石碑旁边徘徊，等着警卫的目光移开。当一个孩子在一个小石碑旁被绊倒时，警卫的注意力被分散了，我于是悄悄靠了过去。我屏住呼吸，颤抖的手伸过钢栏，抚摸石碑上的文字。[①] 我的手指轻轻抚摸着石碑冰凉的表面，划过神秘符号的边角：只需轻轻一摸，我接触到的历史就比许多人梦想着懂得的历史都多。我缩回手，悄悄溜开，既羞愧又兴奋，祈祷不要触发警报，被人戴上手铐带走。幸好一切都没有发生。我整整一天都没有洗手，沉浸在想象石碑背后的重要人物当中（见图 2-1）。

---

① 如今，这块石碑被包裹在玻璃中。1998 年，石碑被清理过，去除了多年来人们拓印、临摹时留下的蜡、墨水和油脂，还有顽童们咳嗽时留下的印痕。这块石碑是由一种类似花岗岩的物质切割而成的，好奇的"爪印"不会对石碑造成什么破坏。原则上，从那以后，我抑制住任何未经允许触摸历史遗迹的冲动；未经同意，我甚至连历史学教授都不接触。

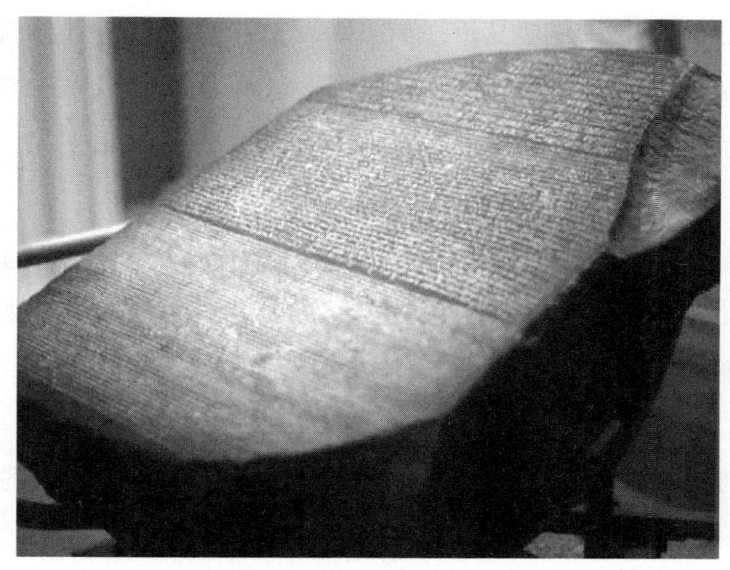

图 2-1　大英博物馆的罗塞塔石碑，大约拍摄于 1996 年

但当恶作剧所带来的刺激消失后，一个困惑萦绕心头：这块石头之所以声名鹊起，与创造它的人无关。石匠们不可能想象到他们的作品在 2000 年后会出现在一个欧洲的博物馆里，有警卫保护它不受像我这样的小混混的破坏。然而，它就安放在那里，仿佛命中注定要被法国人在一堆碎石中发现，被用来解密象形文字，最后被陈列在大英博物馆这个真正的安息之所。在博物馆庄严、神圣的氛围中，我忘却了这块石头是一件人工制品：它是历史的一部分，但并不是历史本身。

与其说石碑是一种发明，不如说是一种发现，但石匠们如何看待石碑和我们今天怎样看待石碑有所不同，这种差异观对创新者来说是很有意义的。理解创新的本质需要我们随着历史的变迁改换视角，重新审视像罗塞塔石碑这样的发现。

这块石碑重约 2000 磅，是公元前 196 年建造的一根埃及柱子的下脚料。在当时，这块石碑非常普通，是法老们用来与臣民交流的许多块石碑中的一块。很少有人提及打造这块石碑的原因，实际上这块石碑上篆刻的是一项公共服务的公告，主要是赞扬法老"新国王"是伟大的荣耀、埃及稳定的依靠。除了以下两个事实外，这块石头也没什么大不了：

（1）这块石碑在1789年被发现时，我们对象形文字一无所知；
（2）这是第一个刻着象形文字和希腊语的物件，使翻译成为可能。

鉴于以上两个事实，石碑就变得非常难得了，但是这些事实与打凿石碑毫无关系——这是它问世之后的生命再生。

如果我们通过其他方式来解读象形文字，比如在雅典发现一本埃及语译成希腊语的书（这有可能，因为希腊人统治了埃及几十年），[①] 或者找到另一本用多种语言写成的书，翻译也照样成为可能，那样的话，陈列在博物馆的就不是石碑而是这些书籍了（例如，埃及烘肉卷的罗塞塔食谱）。因此，虽然罗塞塔石碑作为一流展品在大英博物馆展出，但它的价值衍生于特定的情形。这传递出的最为重要的信息是时势可以将普通物品、普通人物、普通事件塑造为传奇。如果我把我的破烂手机埋在巴黎一个合适的地方，100万年之后也许会成为某个外星球博物馆的重要展品，成为解读（误读）人类的关键（瞧，在那块太空玻璃里面的就是那部具有历史意义的巴黎手机）。

这一切与创新有什么关系？我们以伟大的创新——印刷机为例。约翰·古登堡去世500多年后，才被推崇为历史上最重要的人物之一。他

---

① 著名的亚历山大图书馆是古代最大的图书馆，可能有各种翻译象形文字的宏篇巨著，可惜的是都被毁掉了（很可能是在4世纪）：http://www.bbc.co.uk/history/ancient/egyptians/。

在某个"古今最富影响力人物"①排行榜上位列爱因斯坦、亚里士多德和摩西之上。尽管中国人几个世纪前就发明了活字印刷术和许多其他印刷技术，古腾堡是第一个在欧洲取得成功的人。②如今，一些网站和畅销书都将印刷机的发明直接归功于他在德国美因茨工作坊里研发印刷术的付出。

然而，古腾堡故事的蒙蔽性（有意为之）在于他在世时默默无闻，没人感受到他的影响力。他不是他那个时代的英雄，就像罗塞塔石碑的打造者们当时未能得到如今赋予他们的功劳一样，他的发明在当时没有得到应有的认可。他当时没有通过让人们便于获取知识来摆脱思想束缚，或者为今天的网络时代打下铺垫——我们所能说的是，就连简单的养家糊口他也没能做到。③就像罗塞塔石碑的打造者一样，古腾堡只不过是个匠人，他不可能想象到他死后几个世纪，每年都会出版数百万本图书、创建数百万个网站，更想不到他的名字会被经常提起。

古腾堡的影响力与罗塞塔石碑的不同凡响类似，不仅归功于他的印刷术技艺，也是情境、世界政治和机会使然。在古腾堡出生之前，中国文明和伊斯兰文明都有必要的技术铺垫，本可取得类似古腾堡那样的业绩，但什么都没有发生。④与米开朗基罗、达·芬奇或他那个时代的其他名人不同，古腾堡的生活记录鲜有保存，因为没人认为他的工作和生活很重要：是一

---

① 根据迈克尔·H．哈特于1992年出版的《百人榜》：http://www.answers.com/topic/the-100，《时代》杂志2006年列出了一些创新名人，包括吉米·威尔士、尼克拉斯·詹斯特罗姆和贾努斯·弗里斯。

② 约翰·曼．古腾堡：一个人何以用文字重塑世界．纽约：威利，2002。

③ 约翰·曼．古腾堡：一个人何以用文字重塑世界．纽约：威利，2002．我们的确可以从法庭和商业记录中了解他的生活。这些记录显示他的许多项目都失败了，还摊上一起很大的官司，为此，古腾堡丢了不少生计。

④ 这种差异性的缘起既有文化方面的影响也有巧合因素。确实，古腾堡取得了关键的进步，但要知道中文有数百个字符，而不是26个字母，而字母少的优势使得印刷系统易于改进。古腾堡的工作与路德对教会的宗教改革相吻合，激发了人们对印刷圣经的兴趣——这种机缘巧合在东方并未出现。

系列幸运事件使我们时至今日依然知道他的名字。①

在他那个时代，人们对他的创新与我们现在的看法截然不同。我们现代人必须理解这样一个事实：我们今天所熟知的人物，无论是文森特·梵高、史蒂夫·乔布斯，还是阿尔伯特·爱因斯坦，虽然他们如今被视为传奇，但在当时却并不被看好。

然而，学校和书籍中对古腾堡和其他创新者的讲述使人们觉得他们为世界做出了不可或缺的贡献，理应载入史册，似乎要是我们生活在他们那个时代，我们也会像历史书上记述的那样看待他们。那些溢美之词以一种扭曲的方式呈现了创新，这在当下是不可能发生的，因为明晰的进步轨迹、清晰的目标以及稳操胜券很大程度上都是事后领悟并塑造出来的（如果不是编造出来的话）。

为什么历史看似完美？

漫步于21世纪的罗马，不难发现，罗马人是建筑巧匠。这里的竞技场（见图2-2）、寺庙、浴池和沟渠虽然历经千年风雨，却依然没有垮塌（很多情况下还能用）。问题是，隐藏的不可见的东西扭曲了我们的观点。事实上，这些建筑物只是少数，许多其他建筑物都已经倒塌了或者重建时被埋没了，甚至被拆掉当作建筑材料用于建造其他建筑了，因而在历史上踪迹全无。虽然罗马人的工程技艺值得称赞，但是他们并非完美的工程师——他们时时都在犯错误。他们的统治阶级确实生活在电影中所描绘的那种华丽的大理石建筑中，但大多数罗马人生活在随时都会倒塌的廉租公寓里，数千人因此丧命。②

---

① 约翰·曼. 古登堡：一个人何以用文字重塑世界. 纽约：威利，2002。
② 杰罗姆·卡科皮诺. 古罗马的日常生活——帝国鼎盛时期的人民与城市. 纽黑文：耶鲁大学出版社，2003。

图 2-2　依然坚固的罗马竞技场，建在尼禄皇帝被大火吞噬的金屋废墟上

尽管有雅致的圆顶和传奇的笔直道路，公元 64 年的罗马大火烧毁了三分之二的城市，包括有着 800 年历史的朱庇特神庙和维斯塔神庙，这可是古罗马最神圣的庙宇。[①] 这就意味着，我们今天所看到的罗马建筑，包括那些废墟，大多是后来重建的。

带给我们启示的不止罗马：研究任何关于创新的传说，无论关于发明家、科学家还是工程师，你都会发现历史上有许多类似的不经意的遗漏。历史不关注遗失的、隐藏的，甚至故意隐去的东西；历史讲述的大多是成功，而非通向成功之路的一次次失败。[②] 不考虑故事中隐去的内容，只凭传说来设想如何将创意变为现实，其效果必然大打折扣。

---

① http://www.pbs.org/wnet/secrets/case_rome/index.html。

② 以罗马为例，很少有人记录廉租公寓里的生活，或者在罗马精英手中出现的败笔工程（你会公开散布凯撒大帝或尼禄皇帝的缺点吗？）。反对的声音很难载入史册，因为之前没有记录的手段（古登堡发明印刷术之前罗马已经存在了至少 1500 年）。如果历史看上去很完美，不是因为那个时代的人们觉得生活更有意义，而是因为发生的许多事，至于事情为什么发生，原因被湮没在历史深处。

最近的历史也存在类似问题。大多数美国人接受的历史教育使他们认为哥伦布是一个英雄，他在危险的海域航行，发现了美国人现在称之为家的地方——美国；他还为"地球是圆的"这样颇具创新性的理念去抗争（这是一种怪异的传说，因为水手们自古以来就知道这个地球是圆的——他们只是不知道这个圆球有多大而已①）。但是读霍华德·津恩的《美国人民的历史》②或詹姆斯·洛温的《老师的谎言：美国历史教科书中的错误》③，可以了解一些关于哥伦布的不那么光彩的事实，比如他十分无能、极度贪婪，还参与过种族灭绝。哥伦布是英雄，还是痞子？哪一种看法正确呢？似乎两种观点都对。但是要想了解像哥伦布这样的历史人物的真相，不能仅靠教科书里的记述。更糟糕的是，就像乐见顿悟神话一样，我们乐享阅读或记录能使我们对现状感到更加满意的历史。那些历史记述一旦进入脑海便挥之不去，无论其他的述说多么令人信服。

试想：你会买一本《为什么过去令人沮丧、尴尬和迷茫：78个难解之谜》这样的书吗？很难想象这个标题能出现在畅销书排行榜上；如果用作小学教学材料的话，这样的标题也很难通过家长教师协会审查委员会的审核（我会听到他们大叫："这会毁了孩子们的脑子！"）。尽管我们很看重真相，我们却指望历史学家给我们拨云见日，这样我们就不会感到困惑或恼怒了。然而，把罗马人视为超人，当作不出差错的工程师，或者把哥伦布视为英雄，这把世间万物简单化了，就像把创新看作顿悟时刻一样：这将创新特殊化了，使之与日常生活脱节了。无论罗塞塔石碑、古登堡印刷术，还是罗马

---

① 亚里士多德是首先提出这一观点的人之一，但任何在船上观察到地球曲线的人，哪怕是白痴，都应该明白这一点。地平线大约在5英里之外，如果你从地面更高的地方看，地平线就会更远些：http://www-istp.gsfc.nasa.gov/stargaze/Scolumb.htm。

② 霍华德·津恩. 美国人民的历史. 纽约：哈珀·柯林斯出版社，1980。

③ 詹姆斯·W.洛温. 老师的谎言：美国历史教科书中的错误. 试金石，1996。

建筑——所有独特的创新或突破——都是历经多次失败，巧遇某些偶发事件，在人类既有发明的基础上取得的。

不要误解我的意思：当我们走近罗塞塔石碑、罗马废墟或任何创新的基石时，我们当然由衷感叹，但这不是因为它们是什么神奇的、超自然的东西（也许埃及金字塔除外，如今我们依然没有弄清它们是如何建成的）。[1] 事实上，我们应该受到启发，因为这些古物将我们的个人奋斗、荣耀、恐惧以及激情与古人联系在一起，是他们创造了我们创新赖以依靠的一切因素——这才是历史的真正力量。

即使出于这样的目的，历史进程的记述依然存在一些问题，因为所有历史学家，无论他们多么正直、多么利他，都无法逃避这样一个事实：他们和我们一样有偏见和欲望。除了需要谋生，确保写出的东西有人买，对于每个史书编撰者，无论他获得过多少学位，出版过多少教材，都有自己的观点和视角（包括我自己）。史书编撰者不可能研究每一个事实或者从每一个视角详述。这些问题对创新和一般史学而言都是非常严肃的问题，历史学家专门设立一个学科来研究这些问题，称之为历史编纂学。该领域的一位杰出历史学家爱德华·霍列特·卡尔在其经典著作《历史是什么？》中写道：

> 过去人们常说，事实不言自明。这当然是不对的。只有当历史学家需要用事实说话时，事实才有发言权：是历史学家决定以怎样的顺序、在何种情境下让事实说话……事实就像一个袋子——不往里面装东西，袋子就不会鼓起来。[2]

---

[1] 乔纳森·肖. 是谁建造了金字塔？. 哈佛杂志，2003-07/08, http://www.harvardmagazine.com/on-line/070391.html.

[2] 爱德华·霍列特·卡尔. 历史是什么？. 唯品质出版社，1967.

惊人的秘密是，客观的历史并不存在，这也就解释了为什么老师用无穷无尽的细节折磨孩子。显然，教学材料要让每个学生都能接受，意味着需要将视角、观点、人文性格全部滤除掉，只剩下那些没有生气、没有灵魂、没有幽默感、没有难堪的事实。好的历史记录是由那些站在自己立场上精心搜集各种资料的历史学家们写就的，所有历史记载都逃脱不了书写者的解读和视角。不过，好在即便对事件的讲述已有公认的事实，每年总会出版一些新的教科书。我们越是超然地看待一个事件，越会有更多的视角看待发生的事件。就算我们知道互联网是如何被发明出来的或者第二次世界大战为什么爆发，也不意味着对这些历史事件的讨论会就此结束。我们比较的事实越多、建立的联系越广，历史就会变得越丰富、越有影响力。

作为创新的学徒，我们的兴趣与许多历史学家和普通大众的兴趣有所不同。我们想理解过去的挑战，就像我们生活在那个时代一样，面对各种制约去开拓创新。我们寻求可以重复使用的策略或者从错误中吸取教训：我们不想人云亦云，我们想要真相。为此，我们需要拨云见日，因为在创新史上有一个误区：认为发展进步是直线上升的。

进化与创新

罗塞塔石碑被埋在沙子里将近 2000 年，被人遗忘，无人眷恋。1799 年 7 月，[1] 拿破仑的军队在没有任何标记或地图导引的情况下发现了它。在漫长的岁月里，人们有足够的时间去摧毁它、污损它、把它凿成漂亮的雕塑，或者把它藏在人们无法找到的地方。[2] 当然，幸运的是，史实如斯，

---

[1] E. A. 华理士·布奇. 罗塞塔石碑. 纽约：多佛出版社，1989.http://www.napoleon-series.org/research/miscellaneous/c_rosetta.html.

[2] 有个故事说，拿破仑远征埃及时，他的军队摧毁了狮身人面像的鼻子。这个故事绝对是一个误传：拿破仑远征埃及之前的几十年里，绘画中就出现过狮身人面像破损的鼻子。

但话又说回来，如果过去是现在，结果可能完全不同。罗塞塔石碑被发现并非历史的必然。

然而，当我们审视历史时间轴时，就会越发相信那些事情必定发生，因为无论多么诡异、多么不可能发生，那些事情还是发生了，所以，我们今天觉得那都是上天注定的。这不怪我们，也不能归罪于时间轴的制作者（因为那是一份苦差事）。事实很简单：简化的时间轴能够使解释历史变得更加容易。这样说当然也有一定的欺骗性：时间轴上代表的每一个时间点上，过去和现在一样，都存在诸多的不确定性和改变的可能性。

想想我们学历史时科技史是如何分代的：首先是石器时代，然后是青铜器时代，再后来是铁器时代；或者，在计算机问世后，先是大型机时代，之后是个人电脑时代，再后来是互联网时代。我们是按照发现/发明的时间进行分代的，将纷繁复杂的事件理出头绪，绘成图表。早期的人们使用青铜剑驱逐手持木制长矛的劫匪，保护自己的财宝，但当时那些人并不认为自己处于青铜器时代，就像第一批使用苹果电脑的用户并不认为自己处于前互联网时代一样，或者就像我们自己，也不认为正处于"通信尚未变得价格低廉、生动有趣"的时代（或者之后出现的任何令人惊奇的东西的时代）。像现在的人们一样，过去的人们认为他们已经脱离了历史，生活在未来的边缘——火热的"当下"。

这就引出了一个颇具争议的问题，它称得上是对创新史认识的可怕考验：过去的创新是历史的必然吗？互联网、汽车和手机等是人类文明发展到今天必要、必然的产物吗？很多人都这么认为，甚至这种想法还有个华丽的名字——技术进化论。虽然听起来很酷，但这种认识不过是一种臆想而已。[1]

---

[1] http://www.aber.ac.uk/media/Documents/tecdet/tdet10.html。

揭开创新与进化的神秘面纱

这种对技术进化的误解反映出对于生命、宇宙和一切事物进化的错误认识。许多人虽然没有明讲，但实际上对进化论的认识存在误区，想当然地认为现代文明是历史发展的最好结果——因为自觉满腹经纶，这事儿不会搞错！还有很多人把进化比作金字塔或阶梯，人站在最顶端，代表在这个星球甚至宇宙中取得的最高成就（见图2-3）。但研究进化的科学家并不这么认为：就像前哥白尼时代的太阳系学说一样，把我们置于万物中心或一切之上听起来肯定不错，但却是极其荒谬的。

图2-3 进化只是意味着处于顶端的事物适合当前的环境，而不代表它"更好"

自然选择并不意味着位居顶位的事物有何特殊之处，只表明当前的环境对它有利。看看音乐排行榜就明白了：约翰尼·卡什的专辑《圣昆廷监狱的生活》在1968年首发时成为当时的最畅销唱片。但之后几十年，它连前50名都没能进。直到2005年，以卡什生活为主题的电影《与歌同行》上映，引发轰动，从而使环境发生了变化。专辑还是40年前录制的那个《圣昆廷监狱的生活》，这次却重回榜首，此谓适合环境，谋得生存。进化当然比流行音乐排行榜的名次变化复杂（或者至少我希望这样），但何时鼎盛，环境使然，个中性质是一样的。

虽然人类如今可能占据主导地位（尽管大多数物种赖以生存的、韧性十足的昆虫种群可能会对此表示质疑[①]），但倘若地球的温度下降一半，倘若每个国家都遭受轰炸的灭顶之灾，或者一些中等大小的小行星撞击大西洋，那时最适合生存的生物未必就是我们人类了。如果我们这个物种不复存在了，顶多被幸存下来的蟑螂后代当作可爱的动物标本，就像我们现在欣赏曾位于食物链顶端的恐龙一样。

我希望有好消息，能够有一个明朗清晰的时间轴表明进步注定发生，但遗憾的是，与这种盲目自信相反，进步并非必然发生。古希腊文明和古罗马文明未能阻止人类黯然坠入黑暗时代。技术被发明、被遗失、被找回、被忽视，然后重又被找回，如此反复（例如，建造罗马竞技场所用的混凝土秘方在罗马灭亡后遗失了，直到19世纪才被重新发现[②]）。爱德华·霍列特·卡尔在《历史是什么？》中还写道："任何理智的人都不会相信进步会直线上升，不出现逆转、偏差和断点。"困难在于，在任何时候，我们很难知道取得的是真正的进步还是进步的假象——眼下受益却长远受损。历史上出现过许多生物终结：地球史上90%的生物灭绝了，但那是在生活了数百万年之后。[③]

创新也是这样：我们之所以使用手机或个人电脑并不是因为从长远来看，它们一定比烟雾信号或洞穴壁画更好，或者它们处于地位不可撼动的

[①] 爱德华·O.威尔逊.生命多样性.剑桥：贝尔纳普出版社，1992。

[②] 迪克·特雷西.失落的发现：现代科学的古老根源——从巴比伦人到玛雅人.西蒙与舒斯特出版社，2002。

[③] 世界资源研究所.灭绝史.http://archive.wri.org/page.cfm?id=519。

技术金字塔顶端。① 我们是逐步应用它们的，本能地将其作为生活体验的一部分。仅仅是一物取代了另一物，并不意味着后者是对前者的全方位改进——情形改变了，"改进了"的意思也会发生变化。这个假设不难验证：审视任何创新史——无论弹射器、电报、激光束还是纳米技术——你会发现发明与使用这些技术产品的动机都非常普通、自利，而且短视。错误和复杂性无处不在，虽然有些进程可被视为进步，但贯穿历史的直线上升式进步本身堪称"真正的"发明。

以燃气汽车为例，这是有史以来最主要的技术之一。在《技术发展简史》一书中，乔治·巴萨拉解释道：

> 在世纪之交，没有汽车专家，只有发明家和企业家凭借他们的直觉和热情，试图说服潜在的客户购买他们的燃气汽车。在这种情况下，一旦燃气车占据了主导地位，蒸汽汽车和电动汽车要么被遗忘，要么被视为汽车进步史上的失误。②

汽油发动机和汽油车之所以能取得成功，并不是因为它们代表汽车发展的最好路径，也不是因为它们为当今存在的诸多问题提供了最佳解决方案。它们的成功是各种情况的叠加使然，类似自然选择。虽曰创新，但一方面是交通堵塞、污染、路怒症以及有限的石油供应，另一方面是我们现在的生活又离不开汽油车，所有这些都使我们质疑研发汽油发动机、发展汽油车是否为明智的选择。

---

① 对误解进化论的简单回顾：http://evolution.berkeley.edu/evosite/misconceps/IBladder.shtml。
② 乔治·巴萨拉.技术发展简史.剑桥：剑桥大学出版社，2002。

主流设计主导历史

选一项你最喜欢的热门技术，看看有多少种不同产品在相互竞争。创新过程中总会有竞争对手。企业家之所以被新的市场吸引，是因为至少他们和其他人一样拥有同等机会，即便他们的资金或经验没有别人那么多。但我们忘记的是，无论是喷气式飞机还是回形针，过去的每一次创新都是一个开放的、充满竞争的竞技场，历经无数次实践检验。

在《把握创新》一书中，詹姆斯·阿特拜克写道：

> 主流设计的出现在某种意义上是预先注定的——搭载内燃机的汽车在某种程度上正是"运输之神"想让我们拥有的；早期电动汽车和蒸汽汽车的研发属于误入歧途，注定半途而废——这样的观点颇具诱导性，但是，主流设计并不一定是预先注定，而是在特定时间技术取向和市场选择相互作用的结果。[①]

看见拥有六块腹肌的型男就预测他注定会产生正面影响力，但不要忘了他展露出的缺点：贪婪、不理性、目光短浅、利己、缺乏想象力，甚至愚笨。也不要认为，是因为我们的前辈理性十足、深谋远虑、精神焕发、富于创新，所以汽车上才有了安全带或防抱死制作系统，这样的想法何其古怪！事实绝非如此。[②]

事实上，无论是心脏起搏器、隐形眼镜、荧光灯还是避孕药，每一项技术都与现在的热门技术一样出于"乱世"。不要仅仅因为主流设计产生

[①] 詹姆斯·阿特拜克.把握创新.剑桥：哈佛商学院出版社，1996。
[②] 拉尔夫·纳德于1965年出版的著作《任何速度都不安全》（格罗斯曼）揭示了汽车行业的勾结如何阻碍了汽车安全方面的创新，参见http://www.answers.com/topic/unsafe-at-any-speed。

于我们出生之前或者与我们自己的领域毫不相干，就忽略了其经历的波折，这也并不意味着它们走入我们的生活就是可预测的、有序的，甚至符合我们的最佳利益。然而，主流设计在创新竞争中脱颖而出，也确实在历史上得到了更多的正面关注（见图 2-4）。

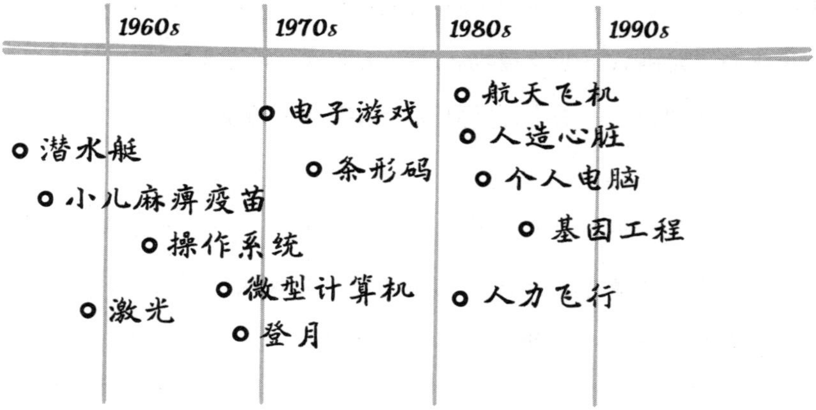

```
         1960s        1970s          1980s         1990s
                                   ○ 航天飞机
                      ○ 电子游戏    ○ 人造心脏
       ○ 潜水艇       ○ 条形码      ○ 个人电脑
       ○ 小儿麻痹疫苗 ○ 操作系统    ○ 基因工程
                      ○ 微型计算机  ○ 人力飞行
       ○ 激光         ○ 登月
```

图 2-4　典型的技术发展时间轴（受公共广播网启发绘制）

在图 2-4 中，你可以找到 20 世纪 80 年代的一个时间点，表示个人电脑问世的时间。它坐在那里，看起来彬彬有礼、举止得体，似乎对生活很满足，也许正要和有趣的朋友——人造心脏和基因工程一起去喝下午茶。但是，如果我们把图片放大，提高分辨率，个人电脑在历史时间轴上就不是一个点了。此时，我们看到的是一个杂乱、纷争和不可预测的历史杂糅。那个快乐的小点是时间轴上的托，掩盖了不可避免的误导。时间轴不仅表达了一种虚假的、全能的历史观点，而且是肤浅的，给人一种非常全面的假象。历史是深邃的，就像几何中的分形，在不同的层面都有许多可看的东西。让我们深入探究，看看代表个人电脑的小点将走向何方。

当个人电脑在 20 世纪 70 年代末开始研发时，它怎样（甚至是否能够）走向世界有多种可能。当时，大型机是主导设计，只有好奇心重的少数人认为电脑会走进办公室,更不用说走入家庭了。证明个人电脑有市场前景要归功于苹果公司在1977年发布的苹果-Ⅱ电脑。然而,施乐帕洛阿尔托研究中心(复印机公司的一个研究机构,简称施乐)在1973年开发了一款更早的个人电脑——奥托。两件事的发生为苹果-Ⅱ电脑打开了成功之门:一是两家龙头公司,即雅达利和惠普,拒绝了苹果公司为它们生产这款电脑的提议;①二是施乐选择不把奥托推向市场,尽管已经做好了营销计划。这两件事在今天看起来很愚蠢,但这只是事后的讨论;当时,雅达利、施乐和惠普做出的商业决策合情合理。

如果你画个20世纪80年代个人电脑发展的草图,可能会画成图2-5那样。不像图2-4中的时间轴,这张图画出了同时探索的多种可能的发展方向,它们彼此挑战,互相鼓舞,相互依托。但时间轴却将创新者需要理解的有趣、纷杂的细节隐藏了起来。

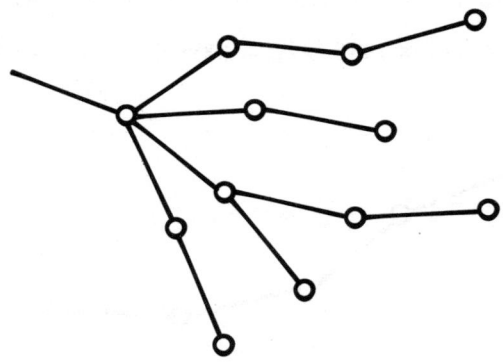

图2-5 竞争的创新之树

由于时间轴必须显示个人电脑问世的一个日期,于是1983年被幸运地选中了:不是1973年(奥托)、1977年(苹果-Ⅱ)或1979年(雅达利400)。1982年,个人电脑非常受欢迎,《时代周刊》将其命名为"年

① http://www.islandnet.com/~kpolsson/comphist/。

度人物"(也许这表明,我也可以参加竞选"年代电脑",尽管我觉得没人会邀请我)。后来,大约在 1983 年,IBM 个人电脑成为真正的主导设计。时间轴上的点是对事件发生时间的一个大体估量:它根本标示不出何时萌发了个人电脑的创意,或者哪些无名的创新开拓者们克服了电、数学和晶体管领域里多少难题才为几十年后苹果、奥托、IBM 等个人电脑的问世铺平了道路。① 虽然 IBM 个人电脑确实成了主导设计,但我们必须谨慎地总结原因。它不可能命中注定会成为主导设计,也不仅仅是因为 IBM 电脑的垄断主导地位(他们当时想很快隆重推出二代机,但没想到二代机竟胎死腹中)。② 值得深思的是,如果施乐当时选择发布奥托,或者如果苹果说服惠普接受了它提出的生产建议,会发生什么:那就意味着 IBM 不会再有同样的机会。从另一个方向上看问题,如果施乐或 IBM 更早冒险而为,个人电脑在时间轴上的位置就会前移。但如果不从观察竞争对手中吸取教训,选择在技术和文化环境准备好之前推出并不成熟的产品,也许在时间轴上个人电脑的问世会推后到 1985 年甚至 2005 年(见图 2-6)。

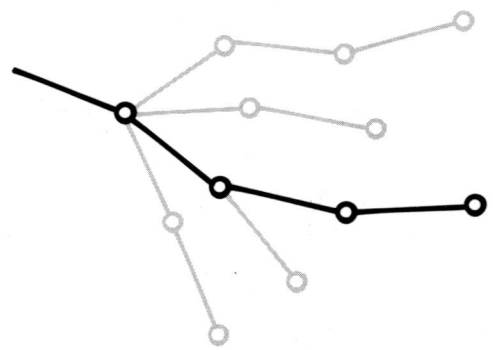

图 2-6　最好的情况是,时间线只显示整个创新历史之树的一条路

---

① 促使个人电脑问世的系列事件时间轴参见:http://inventors.about.com/library/blcoindex.htm。该时间轴虽然依旧简单,但效果更好一些。

② http://www.old-computers.com/museum/computer.asp?c=186。

许多创新，如在个人电脑问世近 20 年后开发出的网络浏览器，都遵循着类似的创新模式。第一个流行的网络浏览器是美国国家超级计算应用中心研发的马赛克浏览器，1993 年在 Windows 操作系统（为主流 IBM 个人电脑研发的主流操作系统）上发布。之后两年间，浏览器市场上就出现了 10 余个竞争对手；到 1997 年，竞争对手超过了 40 个。[①] 早期有众多浏览器问世，以至于其他软件，如文字处理器或游戏，通常都附赠一个由该公司制造的网络浏览器。到 1997 年，只剩下了两款主流浏览器——网景导航者浏览器和微软 IE 浏览器（透露一下：我在 1994—1999 年是该产品的研发者之一）。这两款浏览器展开激烈竞争，后被称作"浏览器之战"。到 1999 年，微软 IE 浏览器胜出，成为主流浏览器，这种优势一直保持到 2005 年。是年，随着网景导航者浏览器革新版——火狐浏览器的推出，再次激发了研发兴趣和创新热情，浏览器市场展开了新一轮竞争。这种竞争一直持续到今天，并且愈演愈烈。有许多细节层面的有趣问题有待回答，比如，为什么"浏览器之战"没有持续更长的时间呢？那些年的激烈竞争是不是为了使消费者获得最大利益？既然总会有像火狐浏览器、谷歌浏览器或其他曾经占主导地位的浏览器愿意冒更大风险一搏，从而掀起新一轮创新潮，那是不是意味着机会更多呢？如此种种。仅是关于个人电脑和网络浏览器的故事、决策、启示和奇闻就能写好几本书，无法在此详述，也无法用时间轴上的那个快乐小点表述出来。[②] 我的意思是，在任何时间轴上、

---

① 网络浏览器简史可以在 http://www.livinginternet.com/w/wi_browse.htm 找到。想更多了解网络浏览器诞生源的超文本系统，可参见：雅各布·尼尔森. 多媒体和超文本：网络和未来. 摩根·考夫曼，1995.

② 关于施乐帕洛阿尔托研究中心，参见迈克尔·A. 希尔茨克. 创新未酬. 纽约：哈珀·柯林斯，2000. 关于麦金塔，参见：史蒂文·利维. 绝对伟大：麦金塔的生命与时代—改变一切的电脑. 伦敦：企鹅出版集团，2000. 关于一般的个人电脑，参见：保罗·弗雷伯格，迈克尔·斯韦恩. 硅谷之火. 纽约：麦格劳—希尔，2000.

任何尺度上,都有数百个类似的小点,每个小点的背后都有迷人的故事和惨痛的教训。如果将时间轴上的苹果故事或者任何其他人或物的故事图片放大,你会得到全新的见解和灵感(美好开端始于 http://www.folklore.org,你不妨一试)。

  关于历史就讲这么多吧:探索为什么过去的创新占据了主导地位是一回事,探究在如今的不确定中去创新是另一回事。后面这一点我们将在下一章探讨。

第3章

创新有道

创新就是向未知领域的冲锋。

——佚名

每个星期二早上，我的化学老师 K 先生都会步履蹒跚地走进高中科学实验室，打开实验器材柜，设计人类已知的最具破坏性的科学实验。他会重复这些烟火壮举，无视烧焦的桌子和惊恐的学生，直到他昏倒或弹药耗尽。他要求我们效仿他去做实验，下课后他便冲出实验室，且在接下来的一周里鲜有露面。直到现在提起本生灯、细颈瓶，我还心有余悸，但是那些实验在我的脑海里刻下了一个印痕，一个对所有创新追求都非常重要的概念—方法论（见图 3-1）。

图 3-1　一个演示方法论概念的科学老师

《美国传统词典》将"方法论"定义为完成某件事情的系统方法。我从 K 先生在实验课堂上的举止推断,无论一个人晚上出去得多晚,或者他去过多少酒吧才回到车里睡下,如果他不折不扣地按照化学实验的方法论去做实验,就会毫无意外地得到同样的结果。尽管可能存在危险,但没一个学生在他面前受过伤。K 先生宣称,不变的科学法则极其强大,具有超越人类认知的惊人一致性。

　　但生活不只是科学。我们生活中想要的远比把臭粉或曼妥思薄荷糖放进健怡可乐中复杂得多(一定要试试这个实验,但记着到外面去试)①。不像学校的实验作业,我们并不是每次都想要同样的结果。创新就是要创造出新东西,促进科学进步,或者发现新知识,这与 K 先生在实验室里做实验时所发生的事情有很大的不同。真正的实验至少有一个未知的变量,实验的目的是弄清楚该变量是如何变化的。如果你在水下玩磁化保龄球或者在太空中油炸一袋奶油夹心饼会发生什么?如果没有人知道确切结果,你就是在做一个实验。

　　虽然想到一个新点子是一回事,将点子付诸实践是另外一回事,但要是完全按照某人,比如一个玩烟火壮举的老师,给你设定好的安全的、稳妥的指令去做实验,就没那么有意思了。真实的实验是有风险的。居里夫人就是一个例子,她发现了辐射,但也死于辐射;再看看以探索新思想为名被用于实验的小白鼠,每年都有数百万只小白鼠彻底摆脱了无人在意的痛苦,"为科学献身"。创新是要付出代价的,可能是金钱、时间、精神、友情或婚姻。代价的形式不一,但肯定会有一个。

　　简而言之,方法论的误区在于相信存在一个创新的脚本,就像 K 先生看似诡异的指导一样,它消除了探求新想法过程中的风险。同样的误区助

---

① http://eepybird.com/dcm1.html。

长了人们梦寐以求的节省时间的小工具、美味低脂的食物（哈哈），以及5步就能搞定＜此处插入问题＞的程序。像其他误区一样，这种臆想比真相更有市场，这就解释了为什么人们热衷以此为主题拍摄电影、创作小说、制作广告专题片。

但从经验、逻辑清晰性和后见之明来看，我们知道不可能的事情永远不会发生。我们有充分的理由相信，没有"如果你幸运，就能实现"，或者"读本时髦书也许管用"这种可能性。尝试新事物原本就不可能规避所有风险。开办公司、构思创意甚至改变别人的想法都需要投入，而且这些投入不一定带来收益。"火箭科学"处处离不开科学方法的指导，而科学方法亦未必能确保成功——阿波罗13号任务或"挑战者号"航天飞机灾难就是明证。大师或著名高管发明的方法也远比预期的差；即使历史上最伟大的创新者也是失败多于成功。从上述方法和故事中可以找到一些建议，但还远不是方法论。

对方法论误区或任何事情的盲信，有助于人们克服恐惧。但不要把灵感闪现和付诸实施混为一谈——激情和自信是工作的燃料，但它们不能确保成功。

创新何以发端

著名的创新者最经常被问及的问题是："你是怎么开始的？"这是激发我们好奇心的开端。例如，爱迪生是什么时候想到灯泡的，或者谷歌的创始人是如何构想更好的搜索引擎的？每个人都想知道魔法在哪里，他们不愿相信魔法是多年工作的结晶，因而认为这里面一定藏着秘密——一个有形的、独特的元素就藏在开始后面。就像我们不断寻求解释事物的起源一样，我们也倾向于在各种开始中搜寻魔法。

正是这种愿望让那些原本聪明的大神们去研究迈克尔·乔丹吃什么早餐、达·芬奇或爱因斯坦有何午睡习惯……类似无关紧要的细节限于本书篇幅就不再赘述，但对于所崇拜的人，我们每个人确实都曾想象过发生在他们身上的类似的荒诞问题。我就曾经研究过海明威用什么样的打字机、莎士比亚用什么墨水写剧本。就像做梦一样，这种遐思不合逻辑：当我们放开缰绳任由情感驰骋时，就会发现令人感到惊喜和荒谬的事情发生了。区分二者需花费时间，甚至到头来发现二者是同一个东西。

过度好奇和臆想最终产生的问题是：我们没有在此时此地创造自己的开始，而是寻求借用别人证实了的魔法。我们想借用他们的开始，将其改头换面融入我们的生活。① 要知道，他人经历的事件细节对我们的生活并不重要——他们当时受用的成功之道对于其他人未必有用。假设亚历山大大帝出生在冰岛，或者史蒂夫·乔布斯出生在中世纪的法国——他们的"魔法"在当时环境中效果如何？成功的因素有很多，但只有少数属于创新者本人。

风险投资家、Tripod 网站（在1998年是欧洲第八大网站）的创始人波·皮巴迪写道："运气是生活的一部分，每个人总会在某个时刻得到运气女神的眷顾。但商业成功很大程度上靠运气，而创业成功则主要凭运气了。"② 承认这些无法控制的因素有助于让我们摆脱对英雄丰功伟绩的细节崇拜。学习历史赋予我们力量，但这需要我们以平常心看待创新者——他们和我们

---

① "一个人没有下定决心做事情前，就会犹豫，就会退缩——对于所有的创新（和创造）而言，意识不到这一点就会扼杀无数的想法和精彩的计划，这是一个基本真理。一个人下定了决心做事情时，上帝也会出手相助，提供各种帮助，而这在踌躇、退缩之际不可能发生。果决行动会带给你一连串的意外惊喜，使你遇到贵人，得到物质支持，这样的好事以前做梦也没想过。无论你能做什么，或者梦想你能做什么，那就开始行动吧。果敢自带才气、力量和魔力。现在就开始行动。"这句话常被误认为是歌德之语，但它实际上出自威廉姆·默里的《苏格兰人的喜玛拉雅探险》，参见：http://german.about.com/library/blgermyth12.htm。

② 波·皮巴迪. 靠运气还是聪明？. 纽约：兰登书屋，2004。

一样，有自身的不足，受现状影响。

我读到过一些鼓励迈出创新第一步的建议，觉得其中最好的建议来自约翰·凯奇，他通常被认为是 20 世纪最具创新精神的作曲家。① 他说："你从哪里开始并不重要，只要你开始了。"他的意思是说不可能有完美的开始，只有在你开始之后，无论这种开始多么缺乏谋划，你才能评估你的过往并在此基础上改进做法、改变方向，或者凭借获得的启发和思考方法重新开始。把创新比作探险最为恰当：就像麦哲伦或库克船长一样，要勇于冒险。如果你把旅行限制在别人已经发现的地方，你就不会有新发现。

创新的种子

关于迈开创新第一步的老话都是正确的。创新史包容性很强，很多说法都有道理，如柏拉图的名言"需要是发明之母"，还有爱默生的"如果你能比你的邻居制造出更好的捕鼠器，人们就会踏破你的门槛"。② 从陷阱或传言中得到的启示是，证据能够证明某种观点并不代表其一定能很好地证明另一种观点。发明也好，创新也罢，有许多"……之母"：泰姬陵（见图 3-2）为悲伤而建，巴比伦花园为爱情而建，③ 帝国大厦为自我而建，布鲁克林桥为尊严而建。任何一种情感、动机或形势都能播下创新的种子。

---

① http://en.wikipedia.org/wiki/John_Cage。
② 我们将在第八章中得知，爱默生可能从来没有说过这句话。
③ 巴比伦花园被列为世界七大奇迹之一，颇具争议，因为它们可能原本就不存在：http://ancienthistory.suite101.com/article.cfm/the_hanging_gardens_of_babylon。

图 3-2　建造泰姬陵需要的多项创新，其灵感均来自皇帝对已故妻子的悲悼

然而，对事情发端方式进行归类是一种虽然简化但却鼓舞人心的做法。虽然我在本章对创新方法论颇有微词，但有些模式和框架还是非常有用的。我更愿把它们比作脚手架而不是地基，因为脚手架便于拆除后重新组装。读了数百个创新故事，我确实从中发现了创新发端的模式，可以归纳为以下6种。

咬定青山不放松

大多数创新出自那些在自身领域对特定问题孜孜以求的人。这种说法并不受人青睐，不会被当成题材拍成大片儿，但却是真相。创新的开始往往都很普通，比如，DNA（弗朗西斯·克里克）、谷歌（佩奇和布林）以及电脑鼠标（恩格雷贝特），这些发明的创新者们先是花时间构思问题，之后列举可能的解决方案，接着便着手试验。电视（法恩斯沃斯）[1]和移动电话（库帕）的问世也是大致沿袭同样的路径。

---

[1] 独自发明的事例非常罕见，我们将在第五章对此进行讨论。几乎所有的创新都有他人的参与，理应得到认可。关于电话的历史已经写了几本书，它是20世纪最复杂、流传最广的创新故事之一。

通常，创新需要付出多年的辛苦工作。复印机的发明者卡尔森用了几十年进行集中攻坚才成就施乐推出第一台复印机。①

转变方向铆劲干

许多创新与前述创新的发端无异，只不过中途出现了一个意想不到的机会，于是创新者转变方向紧紧抓住了这个机会。经典的撕贴式便利贴的故事讲到，3M 公司的阿特·弗莱伊无意间创造出弱胶，但他并没有随手把它扔了，而是想：这东西有什么用处吗？他一直把弱胶留在身边，时不时拿出来问朋友和同事这东西能否有什么用处。多年之后，他发现一个朋友的乐谱需要贴纸，撕贴式便利贴应运而生了。特氟龙（一种润滑涂层）、茶袋（最初用于散装茶样品的包装）和微波（雷达系统意外排放）都有类似的起源插曲，但故事中忽略的是，这些所谓的"插曲"都是坚持和努力的结果，等待观望注定一事无成。

好奇驱动

许多创新始于睿智人士发展个人兴趣爱好。他们的目的是打发时间、学点新东西，或者是找些乐趣。某时某个出于实际目的的想法闪现，刻意求之，之后便留给历史评说了。乔治·德·梅斯特拉尔徒步旅行后在衣服上发现了很多芒刺，他很好奇这些芒刺是如何粘到衣服上的，就把它们放在显微镜下观察，并做了一些实验，粘扣带由此诞生了。他和达·芬奇一样，在自然世界中找到了灵感，根据芒刺和衣服上的钩环勾连发明了粘扣带（对自然的模式重用被称为仿生学）。莱纳斯·托瓦尔兹开始只是把 Linux 作

---

① http://www.invent.org/hall_of_fame/27.html。

为一种爱好，为了学习软件并探索自己制作一些软件。① 就像转变方向的场景一样，在某个时刻发现了好奇产物的可能用途，继而孜孜以求或者沿着好奇的指引继续探索。

财富与金钱诱惑

许多创新都是追求金钱的结果。彼得·德鲁克认为，托马斯·爱迪生的主要抱负是成为业界翘楚，而不是一个创新者，"他真正的抱负……是要构建自己的商业版图，成为一名大亨"。② 德鲁克还解释说，爱迪生的商业事务搞得一团糟，但由于他太出名了，所以，尽管他创业失败了，还是有很多企业效仿他的管理方法，尤其是硅谷的公司和风险投资公司。有想法但没产品，意味着只有一半的创新在手上，因而尝试卖掉这些想法是很自然的：让别人承担创新的全部风险。没有革新或者改变世界的理想主义目标，重点在于规避想法变成现实过程中的诸多不确定性，获取经济回报。20世纪90年代，互联网的繁荣和萧条都是由初创公司推动的，它们意在创新或假装创新，程度达到足以让老牌公司收购它们就万事大吉。在许多情况下，初创企业在被收购之前就已经垮掉了，或者起初只是因为他们有创意而被收购了，日后却被老牌公司更大的保守商业计划抛弃了。

许多大公司的创始人，他们的最初计划是将创意和设计卖给大公司，但因为找不到买家，所以，颇不情愿地选择了独自经营。谷歌想卖给雅虎和阿尔塔维斯塔，苹果想卖给惠普和雅达利，卡尔森（复印机发明家）几乎到了谁想买就卖给谁的地步。

---

① http://www.redhat.com/docs/manuals/linux/RHL-6.2-Manual/getting-started-guide/。

② 引自彼得·德鲁克的《创新与企业家精神》第13页。

需求驱使

创新的浪潮来自那些需要某物但又求之不得的人。Craigslist.org 网站的创始人克雷格·纽马克需要一种与朋友保持联系的方式,以交流发生在家乡的事情。他设计的简洁的邮件列表太受欢迎,到了无法管理的程度,因而催生了我们现在知道的这个网站。同样,麦当劳的创始人开发了一个快餐生产系统,以简化对当地自制汉堡小店的管理(雷·克罗克后来收购了该公司,并将其发展成为一个跨国品牌)。改变世界的创新往往始于卑微的抱负。

合力铸就

大多数创新都是多种因素叠加的结果,将一个因素孤立于其他因素之外是愚蠢的。想象一下,一个创新始于好奇心,创新者进而对其孜孜以求,之后由于创新者执意追求财富导致方向发生改变,其间又因好运临头(比如中彩票)中断,使得创新者带着全新的观念、饱满的热情重回初心。故事中去掉任何一粒创新的种子都会使故事终结——说不定也不会。在许多关于创新的故事中,我们不得不想:如果第一个"神奇"的事件没有发生,创新者是否会找到不同的创新种子呢?不管需要何种创新种子,所有的创新都要克服类似的挑战,研究这些比研究创新的发端有同样多,甚至更多的启发意义。

创新的挑战

苹果和皮克斯动画工作室的创始人史蒂夫·乔布斯被问及:"你如何将创新系统化?"(这是首席执行官群体和商界精英经常被问及的一个问

题）他的回答是："创新无须系统化。"① 这不是《商业周刊》的读者们期望得到的答案，但愚蠢的问题得到的答案往往令人失望。这几乎和问如何控制天气或放牧群猫一样荒谬，因为放牧群猫就像控制创新中的变量一样，几乎没有可能。乔布斯或任何首席执行官都可能有一个试图管理创新的系统，或者一个管理新想法风险的策略，但这与将某物系统化相去甚远（甚至具有传奇色彩的乔布斯也败走苹果丽莎电脑、NeXT 电脑和麦金塔便携式电脑，这就是一个明证）。② 我不会把任何有 50% 甚至更大失败率的东西称为系统，你会吗？波音 777 的喷气发动机设计保证了 99.99% 的可靠性——那才称得上是系统和方法论。诚然，创新比工程技术的风险更大，但这并不意味着我们就可以动辄使用像"系统""控制"或"过程"这样的词。

问题这样问可以得到有用的答案，即：创新面临什么挑战？虽然成功是不可预测的，但这些挑战可以被识别出来，并作为可资利用的得力工具。任何成功的创新均可拿来研究，看它们是如何克服那些挑战的，从中吸取的经验可以帮助应对创新进程中的各种挑战。

在本章，通过对古今创新的全面分析，我总结了创新者面对的 8 种挑战。

1. **第一种挑战：挖掘创意。** 想法可以来自任何途径：冥思、白日梦、个人问题、对他人的观察、巧合，或者世上某事物的研究结果（见第 6 章）。创意可能是一个你要解决的问题，或者仅仅是为了解决该问题要做的实验（希望实验解决的问题日后会出现——这个场景经常被嘲笑为"方案寻找问题"）。

---

① http://www.businessweek.com/magazine/content/04_41/b3903408.htm。

② http://www.networkworld.com/community/node/44206?ap1=rcb。

2. **第二种挑战：开发解决方案**。有想法是一回事，找出可行的解决方案是另外一回事。列奥纳多·达·芬奇在15世纪画了一架直升机草图，但几个世纪后随着空气动力学和发动机的发展才使得原型机成为可能。付诸实施比想法闪现需要付出更多的努力，不去尝试，很难知道还需要再付出多少方可成功。在研发新品的过程中，技术、资金以及团队都很可能让创新者深感失望，使他们再度直面第一种挑战里的诸多困境：需要许多小创意来成就大创意，或者需要将创意聚焦，使开发具备可行性。

3. **第三种挑战：获得赞助和投资**。你如何为你的项目融资，包括完成第二种挑战？如果项目是他人的，你需要得到认可或者顺应政治影响力。如工商管理硕士班上所讲，创新管理就是寻找赞助商、与赞助商合作或满足赞助商需求的过程，或者将创新置于赞助商的政治环境和目标框架中。如果你独立创业，则需要投资人或从银行贷款，而且，你必须完成第二种挑战中的大部分内容，让投资人相信你值得他们投资。

4. **第四种挑战：正确认识可复制性**。大规模生产是很困难的：你也许可以设计出一个更好的捕鼠器，但你能生产5万只，确保足够便宜且能获利吗？软件和新技术对创新者很有吸引力，因为它们复制起来比较容易（复制DVD光盘非常容易；网站或服务器复制也不难），但它们同样面临规模化生产的问题，因为批量生产需要通过足够的带宽、速度或服务来满足客户。廉价的复制还会产生"噪音"：较低的费用意味着竞争对手的数量可能很大，客户找的就不一定是你了。

5. **第五种挑战：与潜在客户共舞**。创意被目标人群接受方可称为创新。有些人说他们"不做市场营销",以示让客户接受创意并不重要,但事实是,许多创新失败是因为目标客户从未目睹过创新的芳容。许多伟大的创新被埋没了几十年,当有人设法把它们带给慧眼识珠者时方才重见天日。轮子、蒸汽机、速冻食品,这些都是公元前100年之前的创新,但创新者花了几个世纪的时间才将它们逐一定位,使其适合普通消费者使用。

6. **第六种挑战:击败竞争对手**。在奋力战胜前面的5个挑战时,你不是一个人在战斗。史蒂夫·乔布斯(苹果公司)并不是唯一的个人电脑制造商;比尔·盖茨(微软)的操作系统也并非独此一家;杰夫·贝索斯(亚马逊)也不是第一个开设在线书店的人。每个成功的创新者能看到的机会,其他人也能看到,但成功的创新者总能把竞争对手甩在后面。任何时候,任何突破的背后都有许多才华横溢、甘愿苦干的奋斗者——明智的创新者为了寻求合作、激发灵感或了解对手策略,都会密切留意同行的工作。

7. **第七种挑战:把握时机**。无论你的创意多好,做成产品后你有没有接受此产品的文化氛围呢?革命性的创意太过突兀,超乎人们的承受能力,所以,创新产品往往得用现在的术语予以解释,这就是为什么说汽车有多少"马力",电灯有多少"流明"。太过超前的创意,其风险在于,无论如何定位,都不符合当下人们的兴趣或关注点。选择时机也很关键:在你宣布你的创新产品的那天,会有什么新闻发布?创新成品所需的哪些部件需要延迟交付?在你发布新品的那天,其他商家和竞争者在干什么?

8. **第八种挑战：保持平常心**。在你享受创新所带来的乐趣时，该付的账单依旧得付。创新者的身份并不会给你一张"免除其他义务"的贵宾卡。

创新的概率

为了对创新难度做一个粗略估算，我们假设每个挑战都有50%的成功概率（这个概率算是很高了）。因为一个挑战的成功概率取决于之前挑战的成功概率，所以，克服所有挑战的概率就很低了：

50%×50%×50%×50%×50%×50%×50%×50%=0.390625%

结果还不到1%。当然，如果你的创新只需要去说服你的朋友尝试一种新的扑克玩法，或者说服你的老板变换一下会议形式，你可能只面临2个（而不是8个）挑战。而且，如果你口才好、经验足、队友强，你成功的概率就会增大。可以肯定地说，目标越小，成功概率就越大，但就像豁免检定[1]之于概率，概率大了，悬疑和激情也随之消退了。正如汉·索罗所言："少跟我讲概率。"[2]

---

[1] 免检定是角色扮演游戏中的一个术语，游戏中的角色有一定的机会，而机会要受到其规避恶劣事情的才能或魔力的影响。参见：http://en.wikipedia.org/wiki/Saving_throw。
[2] 引自《帝国反击战》，http://imdb.com/title/tt0080684/quotes。

创新的无限路径

上述这些挑战带给我们的好消息是，成功之路有多条。我们很幸运，人类文明克服了所有可能导致失败的因素，创造出这么多伟大的事物。然而，哪些路径会随时开放或关闭，我们无从知晓。上周通着的道路这周可能就关闭了；过去失败了的事现在再做可能就能成功。创新的成功是高度不可测的，就是专家或创新者本人也是这个看法。三个看似不可能却非常成功的故事便是明证，它们分别是照片分享软件 Flickr、3M 司以及 Craigslist 网站。

Flickr 软件

2002 年夏天，一个温哥华程序员团队正在开发一款名为《永不结束》的在线游戏，初衷是让人们得到快乐有趣的体验，进而花钱在这个虚构的世界里徜徉（类似《魔兽世界》）。

程序员的一个目标是让游戏玩家之间便于交流，甚至比在同一个房间里交流还容易。他们开发了一个简单的工具，允许玩家交谈、交换即时信息、分享照片。这是一个重大项目的一小部分，当时人们并没有多想。

几周过去了，他们认识到开发的照片分享工具比游戏本身更具商业前途。这个小工具用起来很好玩儿，而且经过优化后，有些功能连那些专业的照片分享工具也不具备。由于游戏开发还没有完工，加上 2002 年繁荣期后科技行业资金陷入困境，于是开发团队冒着风险转变了开发方向。2003 年，该工具以 Flickr 的名字推出，很快受到追捧。由于 Flickr 的设计并不是在商业模式的审查下培育出来的，因此为客户提供了更高质量的服务，它的有些特色功能，其他竞争对手从未想到过。Flickr 的创始人之一卡特琳娜·费克评论道："如果我们坐下来说，'我们开发一个照片应用程序吧'，我们肯定会失败。"① 因为可以自由设计一个照片应用程序，不

---

① http://www.usatoday.com/tech/products/2006-02-27-flickr_x.htm。

受任何限制，他们才得以设计出一些独特的东西。虽然 Flickr 本身可能从未盈利过，但它的技术、设计，还有忠实的客户对雅虎来说吸引力太大了！虽然雅虎有自己的照片分享服务，却依然收购了 Flickr。

  Flickr 的开发者做的两件事非常关键。首先，他们认识到了照片工具预期之外的价值。其次，他们愿意做出重大改变，将一切投入到这个与初衷不同的研发方向上来。做这两件事的机会出现在做其他事情的过程中：开发电脑游戏。没有任何方法论能够即时指导一个人，告知他何时放弃一个方向，转而专注另一个方向。那些程序员要是继续研发那款游戏的话，也许同样可以取得成功。但如果那样的话，本书要写的就是那款游戏，而不是 Flickr 了。

  类似的"好奇激发创新"的故事不难找到。如今，谷歌有条规矩，就是允许员工利用 20% 的工作时间做自己的项目，以期激发 Flickr 式的创新，这种做法在业界非常有名。但是谷歌绝不是第一家采用这种激励机制的公司。著名的 3M 公司早在几十年前就开始让员工自选项目，成就了员工伟大的成功故事。

3M 公司

  3M 公司初创于 1902 年，当时叫明尼苏达矿业与制造公司，在地下开采用来制造砂轮的矿床，后转向生产可爱的黄色撕贴式便利贴。3M 公司的成功源自一个意想不到的开始。这家陷入困境的公司运营了 15 年时间才开始盈利，主要是靠它的优质砂纸生产线。1925 年，实验室助理理查德·德鲁需要一种透明的东西来划分物体上的边界，具体来说就是要对汽车进行双色油漆作业。①他用做自己项目的时间进行了一些实验，透明胶带就此

---

① http://web.mit.edu/invent/iow/drew.html。

问世，于是3M公司的历史被永远地改写了。[1]3M公司的总经理威廉·麦克奈特从德鲁身上得到的启示是：创新来自底层的前沿探索。在他的领导下，公司形成了一种支持标新立异、勇于实验的文化，这就是为什么3M公司的年销售额能达到惊人的200亿美元。[2]

Craigslist 网站

最近一条创新之路始于1995年——互联网发展的早期阶段。克雷格·纽马克是旧金山的一名软件工程师，他想找到一种方式可以与朋友交流发生在家乡的酷事。[3]一开始他使用电子邮件，但很快邮件量太大了，他需要一个邮件列表，这样大家就不会彼此打扰，可以便捷地发布和回复信息了。那时，已经有不少商业服务可以实现这种信息交换，如报纸、简讯、社区公告板等。他开发的邮件列表因其非正式性，又没有盈利的意图，因此颇受青睐。1997年，克雷格对邮件列表的非商业性质规范化，更多的是出于保护其真实性和简单性的目的。直到1999年，克雷格才决定将工作中心转向Craigslist网站。如今，Craigslist网站已成为美国最有效的招聘信息和社区建设网站之一，每个员工创造的收入超过了大多数大型科技公司中每个员工创造的收入（2010年仅30名员工就创造了1亿美元的收入[4]）。它更是导致一些美国主要报纸倒闭的"罪魁祸首"。就是把这些时代的

---

[1] 根据传说，透明胶带的原型非常糟糕，德鲁因此遭到了斥责，他被要求把透明胶带交还给他的苏格兰（意思是"抠门的"）老板，在上面多涂点黏合剂。他保留了"苏格兰"这个名字，营销产品时将其称作"苏格兰透明胶带"（译者注：在中国，通常采取音译，译为"思高透明胶带"）。

[2] 威廉·麦克奈特在1948年的一次演讲中很好地阐释了他的哲学，他用三段话总结了现代管理者很少有勇气恪守的一套简单理念。

[3] http://www.craigslist.org/about/craig_newmark。

[4] http://37signals.com/svn/posts/2283-ranking-tech-companies-by-revenue-per-employee。

所有伟大创新专家和创新作家聚在一起，也不会有一个人能预测到这些结果。在上述三个例子中，根据常识，一般人都会认为涉及的市场（照片软件、办公产品和分类广告）都已经高度饱和，没有什么机会了，但是现在回头看（正如我们在第 2 章中所知），市场前景犹在，转型似乎属于必然。

找到创新之路

虽然没有通往创新之路的地图，但做事的态度会对创新有帮助。任何好的生存培训课程都不仅教授技能，还教授思维方式。创新和生存之间的比较是恰当的，按照这种比较逻辑，下面这些思维方式有助于提高创新的成功概率。

- **认识自我**。每一个艰难的决定背后都有创新者自我认知的身影。我们中没有人做出的决定能如我们所愿的那样，充满逻辑性。意识到哪些环境或挑战能够激发适切我们个性的最佳结果有助于我们做出正确的路径选择。最好的商业机会也许是最无趣的个人挑战，反之亦然。了解自己以及团队是一种很大的优势，有助于做出正确的决定。自我认知是创新的不定性中少数几个可以随着时间推移从不定（自我认知缺失）转化为确定（自我认知增强）的因素之一，是一笔宝贵的财富。
- **有趣的失败也是回报**。探索未知事物难免遭遇失败，因此，正确看待失败非常关键（这并不是说鼓励犯愚蠢的错误）。如果你或者你的团队成员从错误中学到了不经实践就无从获得的东西，那么这种错误就是宝贵的教训。几乎所有伟大的创新者都持这种态度。他们将试错与汲取教训看作对自己的回报，而不是一味看重成功。

- **激情工作而非一意孤行**。很多成功的创新者工作时很有激情，但也时常退后一步自问："世界上发生了哪些事影响到我的目标？"或者"我做的事还有什么其他用处呢？"创新既需要激情工作，也需要时不时地重新思考其他各种可能性，以减少走进死胡同的可能性，提高找到更好路径的可能性。如果你肯问，诚实的朋友会把他们的看法分享给你——只是你必须做好准备，因为忠言逆耳。为一个创意付出了多年的时间和辛苦，但却要鼓起勇气去质疑这个创意、重新思考这个创意，甚至完全转变创意的方向，这的确是很难做到的事情。

- **集腋成裘**。没有任何一项专利可以在一个小时内完成并获得批准，也没有任何交响乐曲是一夜之间谱就的。改变世界或革新一个行业听起来令人振奋，但以此为出发点就愚蠢至极了，因为这些虚妄的目标超出了个人控制。同等条件下，先在已知领域攻克一个既定难题不失为一个明智的选择，累积下成功的经验后目标才可以定大些。许多改变世界的创意都有非常平凡的开始，先回答一些小问题，比如，我能不能把这项工作做得更好？靠自我奋斗和抱负去推动创新——无论你多么普通，抱负是否宏大，都不要错过了最佳机会。

- **正视运气与过往**。自大的创新者都有一个"恒久远、永流传"的成功故事（这让他们的同伴感到痛苦），没有勇气尝试新事物或者承认运气的作用，他们沉溺于谈论过往。承认运气的作用并没有降低成就的含金量，只不过是向别人表明你什么都没做错但却失败了,而做错了许多事情反而成功了。伟大的创新者从不拒绝承认运气、机会的作用以及前辈做出的牺牲。艾萨克·牛顿写道:"我站在巨人的肩膀上。"[①];爱因斯坦说过:"从没犯过错误的人,你别指望他有任何创造。" 也许创新者最值得尊重的是面对不确定性时表现出的勇气,毕竟我们所有人都有一个共同的特点——惧怕不定性。

---

① 这句引言几乎可以肯定地说是虚假的谦逊,因为牛顿很傲慢,经常幼稚地愚弄他的对手。

第4章

新想法受人青睞

想象一下，现在是1874年，你刚刚发明了电话。在与你的朋友沃森高举胳膊击掌庆贺之后，你前往西联公司（当时世界上最伟大的通信公司）去展示你的成果。尽管你的发明达到了新高度（比PowerPoint早100年），但西联公司还是当场拒绝了你，称电话是无用的玩具，把你赶了出去。你会放弃吗？如果接下来又有5家公司拒绝了你，你会坚持吗？又有25家公司拒绝了你呢？遭到多少次拒绝你才会对自己的创意失去信心？

幸运的是，电话发明人亚历山大·格雷厄姆·贝尔没有听信西联公司那些人的话。[①] 他开始自己创业，从此改变了世界，为人们口袋里装的手机打下了基础。其他创新者，如谷歌创始人拉里·佩奇和谢尔盖·布林，也有过类似经历，他们的网页排名创意被当时占主导地位的搜索公司阿尔塔维斯塔和雅虎拒绝了。还有乔治·卢卡斯，他原创的《星球大战》剧本几乎被所有好莱坞大电影公司（一家除外）以各种理由拒绝了。而且，不要忘了，爱因斯坦的 $E=mc^2$、伽利略的太阳中心论及达尔文的进化论，被世界各地的专家嘲笑了许多年。

历史上的每一个伟大创意，表面上都留有被拒绝的印记，大且刺目。如今，这些印记已经踪迹难寻，因为创意一旦获得接受，创意变为现实的

[①] 贝尔通常被认为是电话的发明者，但你在第五章中会得知，事情通常没那么简单。伊莱沙·格雷、菲利普·赖斯、曼切蒂以及其他人也声称自己是发明者。为发明电话做出过贡献的发明者年表，见 http://en.wikipedia.org/wiki/Invention_of_the_telephone。虽然西联公司确实拒绝了贝尔的发明，但拒绝的方式不是很清楚（如果西联公司看到了电话的潜力，当场告诉贝尔不是很明智吗？）。

艰辛历程便被遮掩。划开创意的表面便会发现疤痕：在创意产品走进人们的生活之前，都曾遭到大众和精英们的横眉冷对和粗暴对待。保罗·劳特布尔因与他人共同发明核磁共振成像获得诺贝尔生理学或医学奖，他这样说道："你可以用被《科学》或《自然》杂志拒稿的论文来记述过去50年的整个科学史。"[1] 所有领域的重大创新思想在改变世界的进程中都遭遇过不被认可、遭到嘲笑，甚至受到迫害（创新思想或创新者自身）的惨痛经历。经典作品图书馆里的许多小说，包括詹姆斯·乔伊斯的《尤利西斯》、马克·吐温的《哈克贝里·芬恩历险记》和杰罗姆·大卫·塞林格的《麦田里的守望者》刚出版就被禁了；苏格拉底和柏拉图这样的伟大思想家甚至完全拒斥书籍。[2]

　　新想法受人青睐是一个认识误区：想法经过他人验证以后我们才喜欢。我们把真正的好想法和别人证实了的想法混淆了，而已经证实了的想法对我们来讲碰巧很新而已。即使是创新者本人，他们也会通过读影评、查看餐饮点评网站Zagat、在宜家购物来分散孕育新想法的负担。你是如何选择公寓、信仰，甚至本书的？我们总是反复使用这些想法和观点，很少致力于真正创新的东西。但我们应该为此感到自豪，因为这是聪明的做法。好主意、好信息为什么不重复利用一下呢？我们为什么不利用他人已经得出的结论，有效地分辨哪些是好的、稳妥的东西，哪些是坏的、危险的东西呢？创新是昂贵的：创意貌似可行，但后来被证明还不够批量上市的条件，没人愿意为此付出代价。

---

[1] 凯文·戴维斯. 公共科学图书馆. 生物信息技术世界，2007（02），http://www.bio-itworld.com/archive/111403/plos/.

[2] 柏拉图. 斐德罗篇.http://classics.mit.edu/Plato/phaedrus.html. 在这段对话中，使用书面语而不是口语的风险一直存在争议。他们担心，如果人们采用了写作技术就会变得愚蠢，每次新科技出现都会引发类似的恐惧。

惧怕新事物有进化论意义上的优势。就像早期的人类，如果每次发现新山头都新奇地往下跳，或者只吃外形恐怖的植物，这样的先人容易先逝。我们乐见麦哲伦、伽利略和尼尔·阿姆斯特朗这样的勇士代表我们去承担体力和脑力的风险，而我们只需从安全的距离观察，一旦知道结果，就紧随其后（或迅速走开）。创新者是生活中的试飞员，冒着很大的风险，所以，我们不必这样做。那些热衷于尝鲜时髦产品的人，充其量只是爱冒险的消费者，绝非创新者，因为他们从不像创新者那样在未经证实的创意上冒风险。

创新隐含的悲剧在于创新者使世界变得更加美好的愿望很少得到世人的支持。

应对创新恐惧症

什么事情会使你感到压力最大？牵一只饥肠辘辘的小虎崽耍杂技？在同事和姻亲面前表演单口喜剧？当然，有研究表明，离婚、结婚、搬迁、亲人离世及被炒鱿鱼这五件大事给人的压力最大，信不信由你。[①] 所有令人倍感压力的事件，包括戏耍老虎，都使你不但受了苦，还不得不做出改变。离婚或者换了新工作，意味着相应的改变超出了你的控制范围，这自然令你感到恐惧：如果你不尽快明智应对，你就悲惨了（或者完蛋了）。尽管一个人可能同时承受上述五压力（这样说可以平息人们对生活的大部分抱怨），但即便应对一件大事所带来的压力也会使大部分人心力交瘁好几个月。

现在想象一些放松的事情，比如在海边读有趣的小说，或者在午夜坐在篝火旁与朋友喝啤酒，这些都是没有什么风险但益处多多的活动，我们

---

① http://www.surgeongeneral.gov/library/mentalhealth/chapter4/sec1_1.html。

都多次参加过；我们知道其他人也顺利搞过类似活动，没出过什么事儿。我们想拥有更多这样的时刻：我们努力工作，以便创造条件在有生之年享受更多这类活动带来的乐趣。

创新与这种愿望相冲突。从安全愉快的已知领域进入未知领域是需要信念的。真正具有创意的感恩节火鸡食谱或高速公路驾驶技术不可能没有风险。无论创意能够起到多少改善作用，或者无论经过多少次创意尝试才能"修成正果"，这在尝试之初是无法确定的。无论一个想法有多神奇，除非已经得到验证，否则它可能带来的好处与变化带来的真正的、不可想象的恐惧相比真是相形见绌了。

这就产生了一个不幸的悖论：一个想法的潜力越大，就越难找到人愿意去尝试（更多内容请见第 8 章）。例如，解决世界和平和世界饥饿的创新解决方案也许已经形成，但人性决定了人们不愿去冒险一试。创新需要做出的改变越大，人们就会越恐惧。

> 没有什么比开创一种新的秩序更难开展、更难成功、更危险的了，因为这样会使革新派与所有旧秩序的既得利益者为敌，而那些想要从新秩序中获利的人们也并不是特别积极地支持革新派。这种不温不火的支持部分原因出自害怕守旧派……部分原因在于本性的半信半疑——人类不会真正信任任何新事物，除非他们已经有了亲身体验。
>
> ——尼科洛·马基雅维里

创新者听到的消极意见清单

每个创新者都听到过对其创意的批评。虽然我没有证据，但我敢打赌，第一个学会用火的穴居人、第一个使用轮子的苏美尔人等人类历史上任何一个社会里做任何有趣事情的第一人，在抛出他的想法后都会听到下面的某个意见：

- 这没什么用。
- 没人会要这个。
- 这在实践中行不通。
- 人们理解不了。
- 这不是个问题。
- 这是个问题，但没人在乎。
- 这是个问题，人们也在乎它，但问题已经解决了。
- 这是个问题，人们也在乎它，但赚不到钱。
- 这是解决方案，静等问题出现。
- 现在就从我的办公室（洞穴）出去。

有时非常聪明的人也说上述那些话。数据设备公司的创始人肯·奥尔森在1977年说："没有必要各家各户都放台电脑。"法国的顶级艺术评论家对埃菲尔铁塔向公众开放如此评说："那根悲惨的灯柱从内脏里冒出来……就像灾难和绝望的灯塔。"[①] 英国海军在17世纪达到最鼎盛时期，这支海军花了150年才采用一种被证实有效的治疗坏血病的疗法。

多家企业的创始人乔治·皮博迪写道："真想不到会有那么多人告诉你，你和你的想法是疯狂的。在我六个公司的初创过程中，我被从上千个不同

---

① 奥尔森的话受到了一些人的质疑，他们觉得他并不是反对个人电脑，只是没有看到电脑像在《星际迷航》中那样管理人们的家。关于埃菲尔铁塔的引言见：约翰·H．林哈德．我们聪明才智的动力．牛津：牛津大学出版社，2006: 186.

的办公室里赶出去过。"① 我不是想取笑名人的错误看法，而是想指出我们所有人在多数情况下的想法都可能会出错（见图4-1）。

图4-1　建造埃菲尔铁塔时，许多批评人士要求将其拆除，如今它却是巴黎最受欢迎的旅游景点之一

经验丰富的创新者会预见这些批评。他们准备反驳或先发制人，比如，"谁家里想要电？那我来告诉你谁想要……"② 但即便是做好了准备而且

---

① 见《幸运还是聪明》第28页。

② 爱迪生近乎无耻地推动电力使用，跨越了道德和伦理界限。他是电椅发明第一人，以证明他的竞争对手的设计是不安全的，不如他的设计（事实并非如此）。参见：马修·约瑟夫森. 爱迪生传. 纽约：麦格劳—希尔出版公司，1959: 348-349。

创意也富有魅力、令人惊叹，要说服人们以创新者的视角看待这个创意也绝非易事。大多数人对改变自己的想法没有什么兴趣，然而，当你花光毕生积蓄或者用整个周末并使出洪荒之力构思创意时，你很难认识到这个道理。创新者如何看待自己的创意与他人如何看待该创意之间总有差异，这是创新者面临的最具挫败性的挑战。创新者都希望得到认可：看到别人的创新得到认可，以及将创新转化为实用产品的英雄时，创新者也希望被同样对待（见图4-2）。但无论一个想法多么妙不可言，人们总有不同看法。在创新被接受之前，质疑声总是此起彼伏。

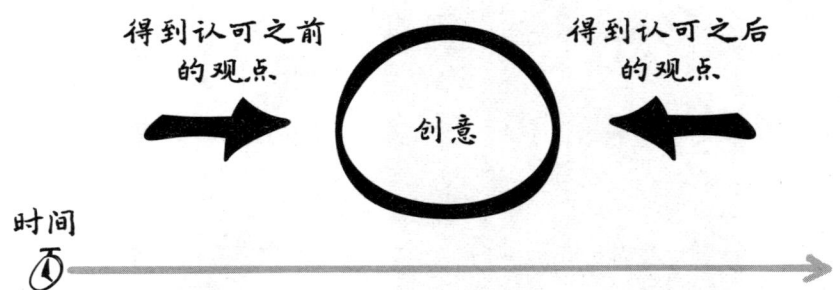

图4-2 创新者只有在事后才知道其他的创新，当他们的创意与以往得到认可的创新相比遭到区别对待时，他们会感到惊讶

当许多创新者得知，即便有炫目的原型或计划在手，这也不过是个开始时，就止步不前了，因为之后的挑战需要的不是才华，而是说服技巧。正如著名发明家霍华德·艾肯所言："不要担心别人窃取你的想法。如果你的想法足够好，你还得掰开他们嘴巴顺着喉咙往里灌呢。"[①] 虽然把别人胖揍一顿逼其接受很难奏效，但艾肯所言不无道理：人们不可能像你一样对你的想法那么感兴趣。

许多潜在创新者没能注意到的是，大多数批评都没有击中要害。这些

---

① http://en.wikiquote.org/wiki/Howard_H._Aiken。

口头提出的问题只是暗示了真正的担忧。回应肤浅的评论是失败者的游戏，说服人们需要将批评映射到更深层次的问题上。

前面列出的所有负面意见都可以映射到以下一个或多个观点上：

- 自我/嫉妒：我没有想到过，因此无法接受这个主意；或者如果我接受了，显得我很懦弱。
- 傲慢与政治：这让我看起来很糟糕。
- 个人情绪：我不喜欢你，所以我永远不会支持你的想法。
- 恐惧：我害怕改变。
- 优先级：我有10个创新性建议，但资源只够去实现一个。
- 懒散：我很懒，很无聊，不想费脑子或做更多的事。①
- 安全感：我可能会失去一些我不想失去的东西。
- 贪婪：如果我拒绝了这个想法，就可以赚钱或建立一个帝国。
- 一致性：这违反了我恪守的原则（无论它们多么过时或荒谬）。

无论这些感受是否合理，其效果是一样的。它们在一个人的脑海中产生的感觉和其他任何东西一样，貌似真实。如果一个提议让你的老板感受到威胁，即使你觉得所谓这些威胁完全属于偏执或妄想，老板的感受照样会决定他对那个富有创意的提议做出何种反应。如果老板感受强烈，他自然会用上述评论拒绝哪怕是最伟大的创意。这时，如果创新者只做了表面文章，不去触及老板深层次的感受，促使其向正向转变，就肯定得不到所需要的支持。

例如，当伽利略声称太阳是太阳系的中心时，他面临来自教会和西方

---

① 相关引言："大多数人宁愿死也不愿思考；事实上，他们就是这样做的。"（白特兰·罗素）

世界的迫害，原因如上述所列。引发愤怒的不是观点本身，而是观点带给迫害者的感受，因为迫害者不关心太阳系的中心是什么，即使伽利略说太阳围着一条紫龙或吃了一半的三明治旋转，他也照样会受到迫害。迫害者并不是对理论的细节感到不安，令他们恼火的是竟然有人与他们唱反调，提出新理论。[①] 新学说遭到拒绝与学说本身无关，而是源于两个司空见惯的原因——事物的原则以及该原则对反对者秩序观的质疑。

这就是神奇的双重秘密法则：创新的想法很少因其优点而被拒绝，而是因该想法带给人们的感受而被拒绝。向他人展示你的创意时，如果你不顾他人的感受和关注点，或者你的设计没能考虑他人的视角，就注定会失败。

解读创新困境

还记得吗？前面章节中我让大家想象一下刚刚发明了电话，你喜欢那个假设吗？好吧，你可能更喜欢下面这个，因为这个场景有一个令人惊喜的结局。

想象一下，现在是1851年，你受够了等待小马快递送来重要的信息，这时，你碰巧遇到了莫尔斯先生，接受了他用铜线长距离传送即时消息的创意。你的朋友笑了，告诉你干点正事，成年人玩电缆类产业太傻气了。而你却冒着巨大的金融风险，建立了第一条跨越美国的电缆，并且让它能够正常通信，就此改变了世界。整个国家都在通过你的尖端数字通信网络进行交流，当然这需要向你付费，你的公司因而赚得盆满钵满。你从此富

---

① 简而言之，伽利略在写《关于托勒密和哥白尼两大世界体系的对话》时，把教皇厄本八世的话通过书中人物辛普利丘之口说出——要知道辛普利丘可是一个因拒绝认同太阳中心说而遭到嘲笑的傻瓜。参见：詹姆斯·雷斯顿. 伽利略传记. 比尔德书局，2000。

甲美国，名声在外，资金纷至沓来。你没有就此止步，而是在创新之路继续前行。1866年，你创造出第一台股票行情自动收录器，后来又首开先河，开始为美国提供标准化授时时间服务，再后来还开发出汇款业务，人们可以在几秒钟内将款项汇到几千公里之外的地方，从而革新了金融界。

就在你戴着荣耀的光环，创新大业如日中天时，一位年轻人来拜访你。他手里拿着一台奇怪的机器，声称它可以取代你付出毕生精力创造的一切。他年轻、傲慢，对你的成就不屑一顾。你能听他讲多长时间就忍不住用电话机砸他？试想，他说那粗笨的木头箱一样的简单东西就能取代你殚精竭虑一生研发出的一切，你能忍吗？或者想想看，你有勇气放弃你所有的创新成就，穷尽所有压在未知的创意上吗？

这种精神上的挑战被称为创新者困境。类似西联公司和亚历山大·格雷厄姆·贝尔之间的对峙（可能有点戏剧化了，但我的说法大致准确）已经上演了几个世纪，老化创新的元老们保护他们的事业免受新兴创意的威胁。克莱顿·M.克里斯坦森在其《创新者的窘境》一书中对"创新者的窘境"这个概念有过准确描述，他列举了一些墨守陈规的典型商业案例，蒙蔽聪明人使其不能开拓创新。[①]

这既是心理现象，又是经济现象：随着人们年龄的增长以及公司开办时间变长，创新如果失败，意味着他们遭受的损失就越多。他们不愿再花数年时间追逐梦想，也不愿被什么危及他们得之不易的成果，因而更倾向于安全稳妥、规避风险、优化现状，这种心态甚至转化成公司的政策。而这些公司过去曾经那么朝气蓬勃、视角敏锐、富于创新。这就是为什么在艺术、音乐、写作、商业和任何其他创意行业中创新者很难终生维持创新

---

① 克莱顿·M.克里斯坦森.创新者的窘境.剑桥：哈佛商学院出版社，2003.

的动能:并不是因为他们的才气衰减了,而是他们的兴趣转变了。一旦成功了,他们最关心的不是找到要征服的新想法,而是维持业已取得的功绩。

挫败 + 创新 = 创业?

在过去的 30 年中,技术与技术转化出现了惊人的创新浪潮。[①] 苹果、谷歌、微软、惠普及雅虎这些起初名不见经传的品牌放弃说服他人进行技术转化的老路,选择自主创业将其创意转变为现实。这些初创企业能铸就今天的辉煌,源于未能在大型成熟企业中实现创新的挫败感。如果这些公司的创始人当时没被那些大型成熟企业拒绝,历史定会迥然不同。创新人士总是抱怨管理层让他们心感挫败:当年米开朗基罗和达·芬奇对其雇主的不思进取以及同事的畏缩守旧感到愤怒,[②] 这种感觉与当下的创新者的感受一样。

创新者很少能在主流组织中找到支持,他们钻研他人忽视问题的那种执着给了他们独自创业的力量。这就是为什么那些有突破性思维的人士能创建新公司:具有创新精神的企业家不仅对新想法充满激情,而且有做出牺牲的坚定信念,这让大型、成熟的公司感到惴惴不安。

一个人把 100% 的资源都押在一个疯狂的创意上,风险比较小,因为这只关乎一个人。但对于一个拥有 500~10000 名员工的企业来说,大幅押注于一个新创意的风险就很高了。即使这个创意能得到回报,这个企业也得被迫做出相应改变,导致先前创意的投资人产生恐惧和负面情绪。当

[①] 技术及其转化合力模式在工业革命早期就已经出现,当时创业技术专家就开始尝试将第一台蒸汽发动机用于工厂和采矿系统。参见:阿诺德·佩西.独创性之迷.剑桥:麻省理工学院出版社,1992.

[②] 然而,15 世纪和现在的主要区别在于机会。在当时的欧洲,如果你有一个设计大教堂或攻城武器的创意(当时的热门技术),你只能依赖唯一一个能够对你的技术进行转化的机构——教会。但是在 20 世纪末及之后的时间里,软件程序员不仅可以找到很多投资人,他们本身也有资源来实现自己的梦想。

然，有些企业规模庞大，能承担巨大风险，即便在某个项目上损失2000万美元也不会倒闭。与那些孤注一掷独自创业的个人相比，大企业投资失败是常事，好像损失少了就不利于创新似的。

但是，无论将创新前景描述得多么乐观，一个企业家，无论他是富有还是穷到只能靠吃日清杯面为生，[1]最终都必须说服一个群体——顾客——相信他的创意的价值。而且，如果他自己没有资金投资其创意，或者他的家人不想一连三个月吃辣椒罐头的话，他就得去说服第二个群体——投资人。据我们所知，这两个群体都是人（虽然有些人说风险资本家的DNA与常人不一样），有之前列出的人类共同的情绪反应。

创新是如何被采用的：超越时代的创新真相

创新界经常说的一句话是，创意"超越时代"。多么奇怪的说法啊。创意怎么能超前于它的时代呢？怎么会有东西能超越它的时代呢？这没有道理。人们这样说可能属于下面两种情况：一是他们认为创意很酷，但未必很好；二是认为也许在未来某一天类似的创意会受到欢迎。但是这种赞许虚情假意。我们想象中未来发生的事情有多少实现了呢？私人火箭船？会飞的汽车？核动力提供所有动能？科幻电影中的炫酷想法被采纳的可能性很低，给某个东西贴上"超越时代"的标签并不是什么溢美之词。[2]人们不会像奴隶一样劳作一生，放弃生活之乐，在付出的一切努力遭到无视后，仅仅为了在临死前被告知"走在了时代的前面"，被告知你的想法是超前的，通常是创新的遗憾，而不是褒奖，除非那是你的真正目标。

---

[1] 关于"三重创新"，参见：加藤忠志、今井彰. X计划——日清杯面. 数字漫画出版，2006. 这是一本关于办公室续命杯面是如何发明出来的精彩读物。

[2] 请注意，我说的是电影，而不是科幻小说。电影是视觉媒体，选择视觉上不错或引人注目的技术，不一定是解决重要问题、有进步价值或遵守物理定律的技术。

但对我们来说更重要的是，这句话揭示了在这个世界上创意是如何被付诸实践的认识误区。首先，这种说法假设技术沿着一条直线进展（如第2章所述）。走在了时代的前面意味着创意有一个时间表，在全球创新总部用红色标记标出，等待着人们去探求：这是一个完全不准确的创新中心论，生活不是这个样子。

在《创新的扩散》一书中，埃弗雷特·罗杰斯写道：

> 许多技术专家认为创新自身所具有的优势定会使其做到自我推销，新创意具有的明显效益前景定会使其得到许多人的青睐，因而创新也定会迅速扩散。可惜，事实很少如此。事实上，大部分创新扩散的速度极慢。①

本书采用人类学的视角来审视创新，认为新创意的传播速度是由心理学和社会学决定的，而不是由这些新创意的抽象价值决定的。这样便可解释为什么有些伟大的创新以失败告终而那些糟糕的创新却能大行其道；发明者只能专注于扩散过程中的某些重要因素而非全部因素。在创新的扩散过程中，技术实力没有我们想象的那么重要。

罗杰斯指出了定义创新传播速度的五个因素，对每个创新者都适用，粗略总结和解释如下。

1. **相对优势**。新事物和旧事物相比有什么价值？这是感知优势，由创新的潜在消费者决定，而不是由其制造商决定。从发明创造者的角度来看，毫无价值的创新有可能被接受，而有价值的创新却

---

① 埃弗雷特·M, 罗杰斯. 创新的扩散. 弗雷出版社, 2003: 7.

得不到认可。感知优势建立在经济、声望、便利性、时尚及满意度等因素的基础上。

2. **相容性**。从当前的状态过渡到创新需要付出多少努力？如果成本大于相对收益，大多数人就不会尝试创新。这些成本包括人们的价值体系、财务状况、习惯或个人信仰。罗杰斯描述了一个秘鲁村庄，那里的村民拒绝将水烧开这样的创新，因为在他们的文化里，病人才吃热食。你尽可以设法告诉他们热水的巨大好处，但如果有宗教或文化信仰禁止它，你就是在白费口舌。技术相容性只是促使创新传播的部分原因：创新必须与习惯、信仰、价值观和生活方式相容。

3. **复杂性**。应用创新需要学习多少知识？如果一部免费的、电池可以无限续航的高质量手机（以及配套的太阳能电池塔）神秘地出现在9世纪的英国，那么使用率将始终保持在0%，因为这种创新的复杂性大幅增加会吓到人们（"这些东西是女巫蛋，把他们烧了！"）。感知到的知识差距越小，被接受的可能性就越高。

4. **试用便捷度**。试用创意产品的便捷度如何？茶包最初被用作赠品，这样人们不用买大罐的茶就能品茶，从根本上提高了发酵茶的试用便捷度。[1]样品、赠品和商品展示是有数百年历史的营销术，可以使人们毫无风险地去体验创意产品。这就是为什么盖璞可以让你试穿衣服，本田经销商允许任何脉搏跳动的人试驾汽车。如今，许多网站都推出"免费+增值"服务，其中基础服务免费，而增值服务则需要付费。试用越便捷，创新扩散越快。

5. **夺人眼球**。创新的结果有多引人注目？感知优势越明显，得到应

---

[1] 乔尔·利维. 太有用了：日常用品的起源. 萤火虫图书有限公司, 2002.

用的速度就越快，尤其是在社会群体中。时装流行一时就是一个很好的例子，其实那些时髦服装除了特别吸引眼球外并没有多少实际价值。广告可伪造夺人眼球的假象，因为许多广告力图展示人们在使用一种产品时（比如喝一种新品牌的啤酒时），有各种美妙的事情接连发生。许多技术，如软件设备驱动程序，得不到多少关注，不同于社交时特别吸引眼球的手机和时尚手提包等实物。

以上五个因素阐明了为什么创新传播的速度是由常被其创造者忽视的因素决定的。他们太专注于研发，忘记了只有为人所用的创新才是好创新。虽然可以大谈创新可以提高水准、突破极限，但这些只有在创新得到传播时才有可能发生，而不是停留在永远"领先于他们的时代"的静态模式下就可自然发生。

这五个因素小结是从过去创新中学到知识的记分卡，也是改进当前创新扩散的工具。关键是不要把这五个因素简化为拙劣的市场营销，就好像这些特征可以在创新完成后移植到创新中，或者简单融入销售宣传册和广告中（尽管这样做起不了多少作用）。如果创意被人买去但束之高阁或者买了之后又被退回，那算是成功的创新吗？聪明的做法是把这五个因素看作创新本身的属性。

由于这些因素因文化而异，有些创新获得认可的速度非常惊人。创新在世界各地被接受没有统一的时间表，在一种文化或一个国家里可能较其他文化或国家早几十年得到应用。正如作家威廉·吉布森打趣地说："未来已来——只是分布不均而已。"没有创新可以规避此种传播方式，一切新事物都以不可预知的方式在文化中传播，而且鉴于人性的局限，将始终如此。

第 5 章

唯一发明人

电灯是谁发明的？托马斯·爱迪生？不对。两位不太知名的发明家——汉弗莱·戴维和约瑟夫·斯旺，都在爱迪生之前就研发出初步可用的电灯。你是不是还认为汽车是福特发明的？又错了。颠覆认知的是，对重大创新而言，其功劳并不是由历史学家决定的，而是由市场、环境和受欢迎程度驱动的，无论这样是否符合史实。通常，就连历史学家对功落谁家也无从考证。下面这段话出自美国国会图书馆，具体说的是汽车发明问题。①

关于是谁发明了汽车并没有一个简单的答案。汽车的历史涉及内容非常丰富，最早可以追溯到15世纪，当时列奥纳多·达·芬奇就设计了运输车辆的模型。汽车的种类很多，有蒸汽车、电动车和汽油车，而且风格也是不计其数。究竟是谁发明了汽车，大家意见不一。如果我们必须把汽车发明归功于一位发明家，此人很可能是德国的卡尔·本茨。许多人认为，他在1885—1886年发明了第一辆真正的汽车。

世界上最大图书馆的馆员们都不确定到底是谁发明了汽车，我们又怎么能知道呢？大多数创新都有此类复杂性，无论是第一批蒸汽机、个人电脑，还是飞机（不像你所知道的那样，事实上飞机不是莱特兄弟发明

---

① http://www.loc.gov/rr/scitech/mysteries/auto.html。

的①）。尽管创新的历史貌似简单，但其实却很复杂。大部分创新产品都不像我们想象的那样纯质、具体、与他物无关。事实上，每一件创新产品都涉及千丝万缕的关系，无法简单予以回答。

以电灯为例。当爱迪生坐下来设计灯泡时，他远远不是第一个做此尝试的人。如果有几个人一起来做，那么应该归功于谁呢？第一个想出创意的人就可戴上发明家的桂冠吗？还是必须得设计出原型？那么，原型灯泡亮多长时间、灯泡有多亮、有多少人见证、卖了多少灯泡等，这些都有关系吗？要是每个灯泡的成本都高达500万美元，重达50万吨，那对获得"发明家"称号有影响吗？根据哪个问题被认为最重要，其关联的名字便可确定为"发明家"头衔的合法所有者。然而，正如美国国会图书馆的人们不敢贸然下结论一样，这种赋名没有指导用书：规则因创新不同而有所变化。虽然有一些解决这类问题的指导意见，但在我们根据意见着手解决问题之前，事情已变得更糟。

除了创新本身之外，还有一个时间先后的问题：各种光源的发明可以追溯到公元前70000年。类似灯泡的发光便携物的创意更是比螺丝（公元前500年）、轮子（公元前3000年）和剑（公元前5000年）还要古老。②历史上，火把、蜡烛和灯的发明者大多没有确定是谁，但它们肯定对斯旺、戴维和爱迪生的创意有促进作用③（更不用说向世界证明其价值——在日落后能够易于看到去浴室的路）。同理，网站的布局和图形设计技术来自

---

① 莱特兄弟首次展示了飞机在动力驱动下持续飞行了一段距离，但是气球、风筝、滑翔机和一些动力驱动的有翼飞行器之前也飞行过。更重要的是，莱特兄弟擅长研究、肯于学习，从鸟类和竞争对手那里得到很多启示。参加：弗雷德·C．凯利．莱特兄弟传记．纽约：多佛出版社，1989．

② 很难找到关于这三项古老发明起源的确凿证据，所以事实上我们并不太确定它们是什么时候被创造出来的。关于古代发明起源最好的单一参考文献是：彼得·詹姆斯和尼克·索普．古代发明．纽约：巴兰坦图书出版集团，1994．

③ 简史可见 http://inventors.about.com/od/lstartinventions/a/lighting.htm．

报纸，而报纸的设计技术源自早期印刷机的排版技术，如此等等。如今的创新技术都是基于过去的创新技术。

如果这还不够，我们还可以追溯并关联灯泡所需的玻璃制造技术、铜矿开采和灯丝的金属细化过程，以及爱迪生和其他发明家所使用的工具、机器和数学知识等。他们默默做出的贡献对灯泡的发明至关重要——要是把他们从历史中抹去，在那股改变历史的烟雾中，我们熟悉的电灯也就消失了。

到此，回答前面的一系列问题变得很简单：以实用作为标准，爱迪生、福特和无数的创新者才被认定为唯一发明人。我们所了解的历史偏离了真理，其原因在于便于记住。

"唯一发明人"称谓之便利性

最常见的便利性是以接触频率确定唯一发明人的身份。世界上大多数人都是从爱迪生那里知道电灯和灯泡之类的东西的。无论历史真相如何，在人们的认识里，爱迪生是第一个带给他们"电灯泡"这个概念的人。即使后来发现其他人先于他想出了电灯的创意或者在他之前已经做出初步可用的灯泡，但这并不妨碍人们一提到电灯就想到爱迪生。在创造新事物过程中，谁的"曝光率"高，谁就会永远被记住。问一个四岁孩子谁发明的煎饼，孩子很可能会说是"妈妈"。如果对于某个东西来说，我们只有一个接触源，我们又怎能想象到其他来源呢？

事物的名称也有这种倾向。我小的时候，祖父母把所有的冰箱都叫"弗里吉迪尔"[美国第一个家用冰箱品牌（1919）][1]，每次听到他们说"弗

---

[1] http://www.fundinguniverse.com/company-histories/Frigidaire-Home-ProductsCompany-History.html.

里吉迪尔",我都大笑。后来,我发现许多人都与我的祖父母一样,也经常使用品牌名称替代产品,如舒洁、邦迪、密保诺、弗里斯比和报事贴。因为这些名字是我使用相关产品(如卫生纸、创可贴、密封袋)时最先接触到的,脑子里就一直记着这些品牌。虽然如今我知道有些品牌并非第一个问世的品牌,或者我也意识到我用的是该品牌竞争对手的产品,但我还是经常粗心大意地用错名字。

福特和爱迪生付费为他们的创新、商业和自身做推销宣传。作为商人,他们完全有理由大力宣传他们的产品,好让人们知道每一份功劳都属于他们自己。这些商业大鳄成为他们那个时代的媒体宠儿,经常出现在媒体和书籍中,从获得公众关注中受益,就像今天的明星首席执行官一样。记者根据以爱迪生或福特为中心的观点进行写作更为实用,因为让发明家成为明星可以增加公众对新闻的兴趣,有助于销售更多报纸。

创新者在美国很容易成为英雄,人们更喜欢相信和讲述关于他们的正面故事,而不是那些无趣、复杂的事实。在1917年,正值第二次世界大战期间,有人会在乎是杜里亚兄弟而不是福特创办了第一家美国汽车公司吗?① 或者在乎福特应该向列奥纳多·达·芬奇、卡尔·本茨及其他异国他乡的陌生人士在汽车方面所做的贡献致敬吗?那些细节无论多么真实,讲的都是些复杂无味的东西,缺乏爱国主义情怀,急于发稿的作家会极力避免。把复杂的真相塞进简单的塑造英雄的故事中,必要时疏忽一些细节,对于各方(无论报纸、记者、读者还是记述的英雄人物)来讲都更实用、更自在。时至今日,依然如此。

一个流传甚广的例子是苹果公司,它被认为是一个创新公司,旗下拥有用户友好型的麦金塔、iPod 和 iPhone 等产品。然而,历史表明,早在多

---

① http://www.loc.gov/rr/scitech/mysteries/auto.html。

年前其他公司就将这些类型的产品制造出来了。第一个图形用户界面、鼠标和台式电脑是由施乐帕洛阿尔托研究中心和系统研究公司于20世纪70年代开发的，比苹果于1984年研发出的麦金塔早了差不多10年。2001年第一批上市销售的iPod，比世韩、帝盟多媒体公司及创新科技公司的数字音乐播放器晚上市数年，这些公司的产品使用闪存和类似的核心设计，在20世纪90年代末期就上市销售了。当然，1979年首次销售的索尼随身听才是个人便携式音乐理念的真正先驱。手机也一样，可以追溯到马丁·库珀于1973年在摩托罗拉工作时制造的原型机（据说库珀在贝尔实验室给他的对手乔尔·恩格尔用手机打了第一个电话，通知恩格尔"你输掉了比赛"[1]）。和爱迪生一样，苹果因为大力改进既有创意理念，打造出优质的产品并使其产业化，为自身赢得了美誉，但苹果并没有发明图形用户界面、电脑鼠标或数字音乐播放器。同样，谷歌也没有发明搜索引擎，任天堂也没有发明视频游戏。他们在许多方面都值得称赞，但其他公司在幕后确立了这些想法，证明了这些理念。我们希望以简洁的方式解释创新，找到那个"唯一发明人"，但我们也希望以恰如其分的理由为赢得美誉的人喝彩——这两者很少同时发生，这不同于发明创造本身。

共时发明的挑战

你是否曾经在参加一个聚会或去工作时发现有人穿着和你一样的衬衫、裤子或鞋子？现代生活中有一个很奇怪的现象，我们认为自己衣橱里的衣服独一无二，尽管同样的衬衫、休闲裤和短上衣在商场货架上摆放了很多。善于观察的购物者在商场看到这些衣物时很容易想象出和自己体型差不多的人拎着大包小包从商场出去回家了。但她如果在派对上或走在街

---

[1] http://news.bbc.co.uk/2/hi/uk_news/2963619.stm。

上与人撞衫了,她会很惊讶:"她怎么穿着我衣橱里的衣服?"一旦获取,无论方式与原因,我们就已经在意识上占有:"那件衬衫配那条裤子是我的主意。"

时尚是共时发明问题的一个很好的隐喻。两个或多个人同时声称发明了什么东西这种情形,就像撞衫一样,两个人在同一时间无意中想出了同样的衣服搭配,这似乎不可能。但退一步想不难发现,这类事情确实时有发生。微积分、电视、电话、自行车、动画片、核磁共振成像和汽车都涉及同时发生的、有交叉或有争议的发明起源。

事实上,这类事情并不罕见,因为创新需要知识储备:调制一种新的鸡尾酒(如伯克温酒①)需要调制其他酒品的经验;编出一种新的舞步(比方说,爱迪生舞步)需要编舞方面的知识。这样说来,称得上创意人才的数目就不那么多了。再加上某个领域的"时髦"问题数量有限,在创新领域直面某个特定挑战的人也就更少了。

例如,现在开发更好的文字处理器、照片分享网站或电子邮件应用程序的人就是这类人。他们去参加同样的行业活动,读同样的书,看到竞争对手取得同样的进步——更不用说同时活着(在美好的时代)的共同经历了。在《科学中的创造力》一书中,迪安·西蒙顿解释道:

> 伽利略之所以能够成为一名伟大的科学家,只是因为他有幸出生在意大利,而当时意大利是科学创造力的中心。同样,牛顿之所以能够展现其创造性才气,也只是因为他住在英国,而当时科学创造力的中心已经从意大利转移到英国。即使伽利略和牛顿

---

① "伯克温"鸡尾酒的配方提名可以在 http://www.scottberkun.com/contact 上提交,如作品中包含讽刺成分,如"坏作家果汁"或"白痴杜松子酒",将被取消资格。获胜者将获得去夏威夷的带薪假期(说着玩的)。

不改变国籍，只改变出生年份，他们也谁都不可能在科学编年史上占有一席之地。①

考虑到共同因素的组合，同一领域的人，同一时间在同一所大学学习或者学的是同一本教科书，这种可能性是合理的。②他们甚至可能会有共同的朋友、酒友或舞伴，这就使得共时发明产生的机会超乎人们的预料：人们尽可以发挥创造性思维，从既有创意的衣橱中挑选自己中意的创意进行自由搭配组合。

使共时发明（也称多重发明）颇具争议的是，创新者不与他们的同行一起工作但又与之竞争，这使创新者产生幻想，以为自己的创造是独一无二的。拿微积分来说（一项拉低了我大学平均成绩的创新），两个智慧超群的人各自在概念上实现了同样的飞跃：艾萨克·牛顿和戈特弗里德·莱布尼茨各自开发出微积分系统。但他们的情况特殊些，由于发表时间不同，使得他们的成果确切来讲算不上共时发明：牛顿直到1693年才正式出版了他的作品，而莱布尼茨的作品在1684年就出版了。尽管他们两人理性看待此事，但科学界却炸开了锅，围绕谁是微积分发明者的争论愈演愈烈——多年来，牛顿和莱布尼茨各自的国籍国——英国和德国使用不同版本的微积分，两个国家都出于国家自豪感声称自己使用的版本才是正宗版本。③

---

① 有人相信创新的时代精神理论——文化力量讲述创新的真实故事。不将其放在整个环境当中，我们还能怎么解释西方的文艺复兴、启蒙运动和黑暗时代呢？从这个角度来看，个人的成功往往要归功于他们自身无法控制的因素。

② 在《离群者：成功故事》（利特尔＆布朗出版社，2008年版）一书中，马尔科姆·格拉德威尔对成功故事中经常被忽视的因素也有类似评述。

③ 在《我们聪明才智的动力》一书中，约翰·H.林哈德写道："这个谜题困扰了整个科学界。同样徒劳的争论是围绕谁发现了氧气。普里斯特利第一个分离出氧气；拉瓦锡第一个认定氧气是一种新物质，但没有确定它是什么新物质；舍勒在普里斯特利和拉瓦锡之前就弄清了事实，但成果出版却在他们之后。面对这些事实，发现氧气的桂冠应该戴在谁的头上呢？"

再看看更近些的例子：电视的发明存在比牛顿–莱布尼茨之争更为复杂的争论。保罗·尼普科夫早在1884年就考虑通过电线发送图像，但他没有制造出一个初步可用的电视原型。1907年，A. A. 坎贝尔–斯温顿和波瑞斯·罗星第一个提出了使用阴极射线管传输图像，但直到19世纪20年代，维拉蒂米尔·斯福罗金和费罗·法恩斯沃斯才各自独立制造出了基本可用的电视原型机。这些发明家独自开展研发工作，同时致力于达成同样的基本目标，但他们研发过程中的理念、进展和商业政治叠加交织，难以追踪溯源。像大多数创新一样，如果你打开电视发明的密箱，寻找唯一的答案，你发现的将是更多问题（这点我们会在本章进一步探讨）。

解决方案之一是厘清"发明家"这个词的本质含义。软件工程师布莱恩·狄更斯做出如下解释：

"发明家"是指最早提出创意的人，第一个建立初步可用模型的人，还是第一个成功将发明商业化的人，这个问题有待探讨。显然，要想让一项新技术得到实际应用，上述三个条件缺一不可——绝不会是在没有外力影响的情况下独自一人一气呵成的。①

这是明智的认识。问题是在厘清这些细节时需要做相当大量的工作。把这些复杂事实凝练成一个简单故事的便利性是难以抗拒的。

唯一发明人的误区

众所周知，尼尔·阿姆斯特朗是第一个登上月球的人，但是他是在多少人的帮助下才成功登月的呢？其中当然有登月团队里的其他成员，包括

---

① http://www.acmi.net.au/AIC/DICKENS.html。

巴斯·奥尔德林和常被忘记的迈克尔·柯林斯。而且，就像电影里演的那样，地面有几十名看起来忧心忡忡的任务控制人员，还有像沃纳赫·冯·布劳恩这样的名人等推动整个项目的知识分子团队。① 那些制造了"阿波罗11号"繁多部件的人呢？那些构思创意的设计者、组织工程团队的经理、协调多年建造工作的规划者呢？他们的工作同样不可或缺。这些数字叠加起来很可观。美国宇航局超过50万人辛苦付出，致力于将一个人送上月球。尼尔·阿姆斯特朗的成功相当于动用了一个城市的人力，这还不包括数百万纳税人为此支付的天价账单；还有总统，说服整个国家相信登月计划可以成功。尼尔·阿姆斯特朗成为一个家喻户晓的名字，只是因为他的贡献最明显。然而，最明显的贡献不一定是最重要的。

如今，我们能知道尼尔·阿姆斯特朗、列奥纳多·达·芬奇或弗兰克·劳埃德·赖特这些名字，这本身就是一种创新。如果你想知道是谁设计了埃及金字塔、罗马竞技场或者中国的长城，那对不起——没人知道。直到16世纪和文艺复兴的兴起，西方文化才开始大方承认人们的创造力和个人成就（我们在第2章中简要介绍过）。在《独创性之谜》一书中，阿诺德·佩西写道："创造以前被认为是上帝的特权；现在，它被视为人类可以共同参与的活动……"虽然指南针、剑或机械钟的发明者错过了载入史册的机会，但自文艺复兴以来的大多数发明都被归功于一个或多个人。② 在那之前，记录创造力归功于谁并不重要，或者在文化上不可接受。

这种转变也带来一些问题：并不是每个人都被允许进入特殊的"创意"

---

① http://en.wikipedia.org/wiki/Wernher_von_Braun。
② 例如，管道胶带的发明者是谁无人知晓，因为公司的崛起模糊了个人对于许多创新产品的贡献。1942年，强生公司为军方生产管道胶带，但是管道胶带实际上是覆盖胶带的改良版，几十年前由3M公司发明。如果对管道胶带的诸多用途感到好奇，请参见：吉姆·伯格，蒂姆·尼伯格. 巨型管道胶带手册. 纽约：沃克曼出版公司，2000。

俱乐部。唯一能获得创意许可的是那些天才，像米开朗基罗和达·芬奇那样才气超越人类极限的人。而我们这些人，尽管很普通，也被寄予厚望——去愉悦地崇拜那些天才。然而，这些天才虽然才华横溢，但也并非生活在一座孤岛。他们也与别人一起吃饭，分享浪漫故事和生活日常。无论是普通的店主还是诚实的工匠，都在方方面面影响着他们。而且，拉斐尔、柏拉图和爱迪生这些人都有学徒（事实上，他们年轻时也给他们的师傅当学徒）。这些天才也借鉴他们那个时代的伟大作品，并从不知名的助手那里得到了大力帮助，从而创作出了他们的杰作。他们还受益于强大的朋友圈：达·芬奇是马基雅弗利的朋友，米开朗基罗是教皇克莱门特的童年伙伴（克莱门特成年后委托他创作了许多伟大的作品）。

竞争对手对促进成功也起到了一些作用：米开朗基罗和达·芬奇彼此互相厌恶、较劲；如果他们被困在不同的荒岛上，还能创作出同样的杰作吗？米开朗基罗不喜欢绘画，但创作出巨作——西斯廷教堂天顶画，部分动机可能是为了使达·芬奇难堪。如果没有百事可乐，可口可乐会有今天的辉煌吗？如果没有苹果公司，能成就今天的微软吗？把这些支撑因素剥离，所谓的唯一创新者似乎不再是什么天才了。

公平地说，这些创新者本身仍然是了不起的。如果把米开朗基罗换成布兰妮·斯皮尔斯，把爱迪生换成我的狗——马克斯，即便保留其他所有的助长因素，也创作不出来什么杰作（虽然马克斯很聪明）。但是这些创新者绝不是孤军奋战或者有神助。如果仔细搜寻，你会发现确实有极少数人单枪匹马取得了巨大成功——特斯拉和牛顿就是出了名的"个体户"，但毕竟这种例子太少了，况且他们的举止古怪，学他们也绝非易事。

如今，文艺复兴已经过去多少年了，我们仍然执着于唯一发明家的神话。虽然我们认同合作和伙伴关系，但是为了便利，我们经常把唯一发明家视为英雄，将其功绩剥离出来写进故事，忽略他人的重要性。专利法，按其设计，也是将发明归功于一个人或少数几个人，不仅假设创意是独特的、可剥离的（这值得怀疑），而且假设个人的名字可以被赋予对创意的合法所有权。目前，美国实行的专利制度确实可以解决一些问题，但也造成了同样多的问题，因为专利歪曲了人们对事物的普遍认知，比如，发明是如何产生的，哪些创新对世界最有价值。[①]

前苹果布道师、《策略革命家》的作者盖伊·川崎主张揭开唯一发明者的神秘面纱。根据他的经验，两个或更多创新者合力往往更能铸就创意产品和创新企业。他给出如下建议：

> 找几个灵魂伴侣。虽然历史喜欢惟一创新者这个概念，比如，托马斯·爱迪生（灯泡）、史蒂夫·乔布斯（麦金塔）、亨利·福特（T型车）、安妮塔·罗迪克（美体小铺）、理查德·布兰森（维珍航空公司），但是历史是错误的。成功的公司往往是由至少两个，通常更多的灵魂伙伴创建并走向成功的。虽然某一个人可能会被认定为"创新者"，但任何创业公司都需要一个优秀的团队。[②]

奠基石：电子表格程序和 $E=mc^2$ 的起源

当新款电视或手机摆在商店货架上时，你看到的只是成品。这种体验旨在激发敬畏：就像神龛里供奉的神像，你看不出任何制造过程的痕迹——全部是成品，抛光后用塑料包装袋封装好，等待你将他们请回家"供

[①] 例如，世界上五分之一的人喝不上干净的饮用水，四分之一的人没有可靠的电力可用。今年申请的专利对他们几乎没有什么用。参见：http://news.bbc.co.uk/2/hi/science/nature/755497.stm。

[②] 盖伊·川崎. 创业智慧. 企鹅旗下期刊与服务集合，2004：10。

奉"起来。但如果你揭开任何创新的盖子，就会发现成品光芒不再，取而代之的是子发明、子产品、小突破、小零件，每个组件都有自己的故事。每一件奇妙的事物都是由许多其他奇妙的事物组合而成的。

在《我们聪明才智的动力》一书中，约翰·H．林哈德写道：

> 任何设备里的组件，哪怕小到一颗螺丝钉，都代表着一长串发明。有人发明了杠杆，有人发明了活动梯，还有人发明了螺旋楼梯。而简单的螺纹从所有这些创意中得到启发，运用了所有这些创意的原理……每一个组件都代表了一连串发明，而在成品中我们通常看不到各个组件的影子。

手机和 DVD 播放器有几十个螺丝钉，更不用说还有晶体管、芯片、电池和软件了。把其中任何一样东西拆解开，都会发现更多创新藏在里面。我们很容易忘记日常使用的创意产品是由一系列小的创新累积而成的。然而，创造新事物需要将其他事物拆解，从组件中得到启示。有时，发明家会另辟新径，专门通过改进既有创新来取得突破。

第一个杀手级应用程序是电子表格程序，这个软件的预装使大众开始接受个人电脑。①1978 年，VisiCalc 发布并安装在苹果 –II 上，在此之前，世界上大多数人都是在纸上做预算、会计和商业计划等业务。②VisiCalc 的发布使计算机从极客玩具转变为解决业务问题的主流工具。VisiCalc 的开

---

① 杀手级应用或杀手级应用程序，是指在任何计算机上预装的一个应用程序，此程序的安装使得人们争相去购买电脑。

② 为了娱乐和了解电子表格发展的目的，您可以下载 VisiCalc 的原始电脑版本。如果您没意识到这些年电子表格程序的进步有多大，VisiCalc 的原始版本可以起到提醒作用。参见：http://www.danbricklin.com/history/vcexecutable.htm。

发者之一丹·布里克林在哈佛攻读工商管理硕士时产生了开发电子表格程序的想法。他认为，VisiCalc 是在综合了几个既成创意的基础上诞生的（包括他在以下这段文字中提到的以前的创新）。

> 我常常做白日梦，"设想我的计算器后面要是有一个像鼠标那样的球体该多好，……"（我以前见过鼠标，大概是在一次会议上道格·恩格尔巴特做演示时，要不就是看到奥托电脑上配的鼠标）；设想有一个像战斗机上那样的抬头显示器该多棒，那样我就可以看到虚拟图像展现在我面前的空中。我可以直接操作鼠标／键盘数字键，输入一些数字，选中它们就能求和、做运算，然后就可以答复："10% 就可以。"[①]

他对 VisiCalc 的早期设想涉及方方面面：计算器、鼠标、战斗机、他在工商管理硕士课程上看到的纸质电子表格、无聊的令他感到沮丧的会计作业，以及对计算机编程语言可以编出什么的感知。当然，随着 VisiCalc 的发展，他不太依赖这些想法和感知了。布里克林解释说："最终，我的愿景变得更加现实了，'白日梦'中的抬头显示器让位于一个正常的屏幕；1978 年初秋，制成的第一个原型中，鼠标也被苹果 –II 的游戏摇杆取代。"然而，那些想法依然是创新的组件和灵感之源，去除任何一个，都可能没有 VisiCalc 的诞生。

这种创新的关联性网络不仅限于技术领域，在所有领域都存在，从商业领域到艺术领域再到科学领域，都能找到类似的创新关联网络。詹姆斯·

---

① http://www.bricklin.com/history/saiidea.htm。

伯克的名著《联结》[①]淋漓尽致地探讨了各种发明相互交织的本质。即使是世界上最出名的"五字符"方程式 $E=mc^2$，虽然归功于爱因斯坦一人，但也是基于许多人构思的概念。戴维·博达尼斯在其《$E=mc^2$：世纪最著名方程式档案》一书中解释，法拉第、拉瓦锡、牛顿及伽利略的成果是促成爱因斯坦的这个著名方程式的基本元素。[②]方程式中，E 表示能量，m 表示质量，c 表示光速——这些都是别人提出的概念，爱因斯坦的突破在于他将它们结合在一起。

尽管迷思蔓延，但创新很少是单枪匹马之作，历史上从来不存在不借用他人创意的发明。尽管我们为时代创新欢欣鼓舞，但是新词新意都有其历史渊源："network"（网络）这个词存在 500 年了；人类出现之前就已经有网；算法 DNA 比任何编程语言都更加优雅、更加强大。明智的创新者是由激情驱动的，而非以自我为中心：他们建立伙伴关系，寻求合作机会，虚心学习过去的知识，以提高他们战胜古今各种创新挑战的概率。

[①] 詹姆斯·伯克. 联结. 伦敦：利特尔 & 布朗出版社，1978。
[②] 戴维·博达尼斯. $E=mc^2$：世界最著名方程式档案. 加利福尼亚州：伯克利贸易，2001。

第6章

好创意难寻

为了写本书，我要采访一些人。一天早上，我在城市公园等待某个受访人时，附近有个孩子在玩橡皮泥和乐高积木玩具，于是我就在笔记本上记录下10分钟内这个不到5岁的小孩搞出多少种玩法。小男孩坐在草地上，通过组合、修改、强化、撕开、咀嚼、舔舐、掩埋等方式，玩具被他弄出各种我想象不到的造型。他的年轻的妈妈把咖啡放在公园的长凳上忙着打电话，几乎没有注意到她的孩子带给这个世界那么多创意。我的举动让孩子的妈妈感到紧张，结果我被赶走了（作家会在公园里遇到的职业风险），但我禁不住想，人们成年后会怎样？这个孩子成年后会怎样？人们很纳闷，为什么人的创新能力到成年后就开始退化，创意就难以找到了呢？为什么我们的会议室和董事会不像童年时的游乐场和沙坑那样充满活力呢？

如果你问心理学家和研究创造力的那些人，他们会告诉你这是误区：人，无论老少，都有与生俱来的创造性思维。人没有专门产生创造力的脑细胞，更别谈到了35岁，这种脑细胞就会死亡了；也不存在只有天赋异禀的人才有的隐藏器官，可以将创意传给大脑。有些专家甚至觉得天赋并不重要，认为莫扎特或毕加索的杰作也是通过普通途径创作出来的，其思维过程与我们从迷宫般的购物中心停车场绕出来或者聚餐迟到时编瞎话的思维过程并无不同。[1] 霍华德·加德纳在其著作《思想框架：多元智能理

---

[1] 罗伯特·W．韦斯伯格．创造力：超越天才的神话．W.H.弗里曼出版社，1993。

论》①中解释道：颇似孩子，那些赢得"创造性"标签的人士钟情于奇思异想，"不为非一致性、偏离常规、非刻意性……等问题所困"，而大部分成年人太固执、太傲慢、太畏缩，接受不了这些非同寻常的想法。

富有创造力的人和常人之间的区别更多地在于态度和经验，而非外在属性。人类生存了几十万年，并不是因为拥有锋利的爪子、瞬移的天赋或者可以再生的四肢，而是因为有大容量的大脑，使我们能够去改编、借鉴、利用我们已有的东西。如果没有创造的天性，找不到新想法，人类早就灭绝了。一头被惹恼的熊或狮子可以轻而易举地杀死任何人，就连最暴躁的NFL职业橄榄球大联盟的线卫也不在话下。然而，要论解决创造性的问题，普通人也很难被击败。我们制造工具、分裂原子，拥有的专利比世界上所有物种的总和还要多（千万不要告诉熊——它们会被专利激怒的）。我们在这个星球上的独特优势在于我们头脑的创新能力。我们甚至为思想制造了工具，如书写，这样找到好的想法时——比如如何驯服和笼养狮子——就可以将这些知识传给后代，让他们赢在起跑线上。

但随着文明的进步，对许多人来说，创造力可能已经被边缘化了。人们可以买到制成的产品和机器、浏览建好的网站、享受现成的服务，躺在别人的创新温床上舒舒服服地享受生活，不必自己费力挖掘新想法。现代企业靠销售预先包装好的饭菜、成品衣物，以及包办式假期、娱乐活动和体验而生意兴隆，吸引人们去购买便利品，而不是自己去创（制）造。我不相信所有东西或者大部分东西都可以自己亲手制作，但是我的确相信每个人都能享受创造的乐趣，而图方便则抑制了人们探索想要制作东西的意愿。看电视、上网这些被动式娱乐活动占用了我们大量的时间，而我们原本可以利用这些时间去发展业余爱好，进行主动式娱乐活动，这才是培养

---

① 霍华德·加德纳.思想框架：多元智能理论.基础文库，1993.

创造性自我的途径。在此情形下，对手工艺者、艺术家、专业创意人士等的需求减少了，更多人从事的是劳埃德·杜布勒痛恨的那类工作，如销售、采购、加工等。① 即使被安排从事创意类工作，也鲜有成年人像年轻时那样可以从容应对。

爱因斯坦说："想象力比知识更重要。"但你很难发现学校或者企业愿意在培养人的想象力方面去投入。无论是学校还是职场，都是把从娱乐和玩耍中培养发现想法的习惯推到思维的角落，把我们的创造力训练没了。② 在我们的体制中，从学校到大学、职场再到家庭，无一例外都是奖励思想的一致性，而不是思维的独立性。然而，当发现很少有人愿意承担创造性带来的风险时，我们还很惊奇。事实上，我们都有解决问题和寻找想法的天生技能，只是我们迷失了方向。

创意命悬一线

快速测试：说出五种改变世界的新方法，否则就得死！

对不起，时间到了。幸运的是，我是在写书，说出的只是假设，不会杀死任何人。况且，作者把读者杀了也不划算。但是，如果我真的把威胁之语付诸实施，你就死定了。没人能那么快想出一个大创意，更不用说5个了。目前来看，这个测试非常荒谬，但它反映了成年人通常是如何管理创造性思维的："想出创新型解决办法，要完美，现在就要。"只要危机出现或者某种改变需要创新性方案时，就像接到了消防演习电话，要立即付诸

---

① 由约翰·卡萨克饰演的劳埃德·杜布勒是电影《情到深处》的主角。"我不想做销售、采购、加工等行业的工作。我不想售卖任何买来的或加工过的东西，不想购买任何售出过或加工过的东西，不想加工卖掉的、买来的或者加工过的东西，我也不想维修任何卖掉的、买来的或者加工过的东西。要是当作职业的话，我可不想做那些工作。"参见：http://www.imdb.com/title/tt0098258/quotes。

② 参见：尼尔·波兹曼.教育的终结：重新定义学校的价值.唯品质出版社，1994；肯·罗宾逊.让思维自由：学会创新.顶石出版社，2001。

行动。但是演练却没有提供足够的资源——时间,来挖掘创意。挑战越大,找到创意所需的时间就越多。但是很少有人会记着这一点,结果创意诞生没一会儿就被骂死了。

那些扼杀创意的不屑的话语不绝于耳,比如,"那根本行不通""我们这儿不这样做事"或者"这种方法我们已经试过了"(见第4章"创新者听到的消极意见清单"部分)。这些话很容易使发现创意的环境变得像个屠宰场,而不是创意花园。就似当创意敲门时,有人挥舞着拳头应答说:"走开!我正在寻找创意。"创意需要培育,需要自然生长而非人工制造,这表明创意短缺是自找的。只要不傻的人都能认识到,如果不是见到创意就立即予以棒杀,找到创意就会容易很多。

导致这种扼杀创意行为的认识误区是好的创意在发现之初就呈现出其后来显现的美好样子。亨利·福特制造出他的第一批汽车时,汽车的样子很笨拙,喷出尾气的难闻,经常抛锚、坏掉,甚至连马也比不上——人们只是看到眼前发生的一切,而不是其潜能(见图6-1)。每个人都认为未

图6-1 要是在1898年,你会把这个创意产品(劣质的汽油驱动四轮车)看作交通工具的未来吗?那个时代大部分人也不会。图中为亨利·福特设计制造的第一批汽车中的一辆

来就像精心包装好的礼物一样完美呈现在你的面前，就像Horse游戏2.0版，人们觉得它一面世就该是"锣鼓齐鸣，安琪绕飞"的隆重场面，全然不顾其最初版本是什么样子。事实上，未来从未以成品的形式呈现在当下，但这阻挡不了人们依然以那样的方式去期待。

电脑鼠标的创意（见图6–2）在前个人电脑时代的人们看来同样是怪异、无趣的（哇，一块木头上系根绳子！未来创意大作在此！）。完全按照如今的情况来评判新创意毫无意义。新创意需要新视角，它需要花时间慢慢理解，更不用说去评判了。把一张世界地图或者把一本书倒过来看，开始时会感觉很怪异。但别着急，再多观察一会儿，这种新视角可能会产生某种意义，甚至某种用途。然而，起初那种怪异的感觉并不能告诉你该创意有什么价值，只是展示那是一种新颖的事物，无所谓好坏。这就意味着仅仅用"以前没有做过"或"这太怪异了"这样的说法来扼杀创意，其性质属于创造力自杀：没有新创意能跨越那个标杆幸存下来（见后文"创意杀手"部分）。

图6–2　创新的肤浅表象很少令人印象深刻。这是电脑鼠标的一个初期版本

如何找到好创意

为了敞开思路找到好创意，再回想一下公园里的那个孩子。是什么使他无所畏惧地探索玩具的新玩法呢？历史上唯一的两次单人诺贝尔奖得主莱纳斯·鲍林关于如何找到创意如是说："找到好创意的最佳方式是找到大量创意。"大多数人会认为这种说法很愚蠢，因为它违背了学校和职场所崇拜的系统化、公式化、以效率为中心的观点。听从鲍林的建议似乎是在浪费时间和精力——我们不能直奔好创意吗？不能优化一下流程吗？不能记住一个公式来直接套用吗？听好了，当然不能。

一个令人反感的小秘密（经常被否认）是，与神秘的顿悟时刻不同，真正的创造是无章可循的。发现是无序的，探索是危险的。一个人在创意萌发时具体能有什么收获谁也说不清。电影制作人、画家、发明家和企业家将他们的工作描述为搜寻：他们探索未知的事物，希望找到值得带给世界的新事物。就像其他类型的探险者一样，他们寻找创意时也存在风险：搜寻到的大部分东西都不令人满意。因此，搜寻创意的工作日程无法清晰列在计划、预算和日程安排上。麦哲伦、刘易斯与克拉克，以及柯克船长都曾被派往未知的区域去执行任务，他们清楚他们可能会空手而归，甚至归来无望。

著名创新思想家的生活中充满了探索新想法的冲动：他们想要探索更为广阔的景观。贝多芬痴迷地记录下他的每一个想法，疯狂地把想法抄写在树干上或者塞在衣服里的手稿上，甚至吃着饭或谈着话时也随时停下来把闪现的想法记下来。[①] 第一个微处理器（英特尔4004）发明者特德·霍夫过去常常告诉他的团队，想法一角钱可以买一打，意在鼓励他们在广泛

---

① 埃德蒙·莫里斯．贝多芬：世界作曲家．纽约：哈珀·柯林斯，2005。

探索各种想法之前,不要特别专注于任何特定的想法。海明威在其小说出版之前几易其稿——改变情节、变换角色、更改主题,不一而足。WD-40 保养剂之所以如此命名是因为经过 40 次尝试后才成功(埃尔利希医生治疗梅毒的方法,"606"胂凡纳明也采用了此种命名方法)。为了探索《格尔尼卡》的画法,毕加索用掉了八本笔记本;如果你观看电影《毕加索的秘密》,你可以实时观察大师创作几十幅作品时探索创意的过程,无论创意是好是坏(见图 6-3)。①

图 6-3　许多艺术家在绘画时使用画布来探索想法——他们不是用数字分开区域精细作画,而是边犯错边探索

---

① 电影《毕加索的秘密》(亨利-乔治·克鲁佐导演,美国影像娱乐公司出品)是世界各地的艺术学校让学生必看的经典作品。很少有艺术家(更别说传奇人物了)能像毕加索那样愿意将他的创作过程记录下来,关于这一点,影片展现得淋漓尽致。一定要听一下 DVD 版,因为其中的评论能给你提供比影片原声更多的深刻见解。参见:http://www.imdb.com/title/tt0049531/。

创意杀手

下面这些话都是轻率拒绝创意时的遁词，说这些话的人要么太过懒惰，给不出有用的批评或指导，要么没能问一些引发想法的问题，要么就是认为别人没有想出创意的潜能。类似"它不在我们的预算之内"或者"我们没有时间"之类的话都是推诿之词，因为如果创意足够好，预算和日程可以因之改变。其他一些说法则是愚蠢的，比如，"我们以前从来没有这样做过"——一个新创意不管是好是坏，之所以称作新创意，当然是以前从没有人这么做过。

- 我们已经试过了。
- 我们以前从来没有这样做过。
- 我们这里不那样做。
- 那绝对行不通。
- 它不在我们的预算之内。
- 这个问题没什么意思。
- 我们没有时间。
- 公司高管不会感兴趣的。
- 它超出了范围。
- 大家不会喜欢它的。
- 它赚不了大钱。
- 你多傻？
- 你要是聪明的话，就把嘴巴闭上。

创意杀手的详单见 http://www.scottberkun.com/blog/?p=492。

在任何领域，创意者都是那些专注于创造、实践和把玩想法的人。麻省理工学院媒体实验室流体界面小组主任帕蒂·梅斯解释说：

> 我们做的大部分工作都是这样的：开始我们只是有一个半成熟的想法，这对于大多数人，尤其是挑剔的人来说，没什么意思，或者干脆直接将其扼杀。然而当我们尝试将想法向现实转化时，想法逐步变得成熟起来。这就是我们在媒体实验室使用的方法……在想法的现实化过程中，我们经常发现有趣的问题和有趣的事情……进而有了有趣的发现。

创新者寻求新创意的愿望还有一个"外援"。在一项调查中（调查对象涵盖发明家、科学家、作家、程序员等创新人士），当被问及使用什么技巧进行创新时，超过70%的人表示他们从探索非专业领域得到了最佳创意（见图6-4）。[①] 从这些非专业领域的探索中发现的想法经常触发他们对自身工作领域的新思考。由于他们在探索时没有带着专业人士的那种先入之见，所以，能够给那些被视为旧观念的东西找到新用途。医生从电影制作中得到启示；作家从画家传记中受到启发。任何创意宝库，无论与自己的领域多么不相关，对于一个具有开放思维的人而言都能从中找到新发现。

正如我们在公园里看到那个孩子无拘无束地玩玩具一样，如果能将创意视为流动、自由的事物，创造力将更具爆发力。创意来了，创意走了，那都没关系，对于具有开放思维的人而言，创意无处不在（我一会儿证明给你看）。只要愿意探索、实验、把玩、投入精力，哪怕走进死胡同了，

---

① http://www.scottberkun.com/blog/?p=422。

转变方向继续勇往直前,你就能找到好创意。在玩中探索,不受正式评判的制约——这都与找到好创意紧密相连,虽然难以说清原因。

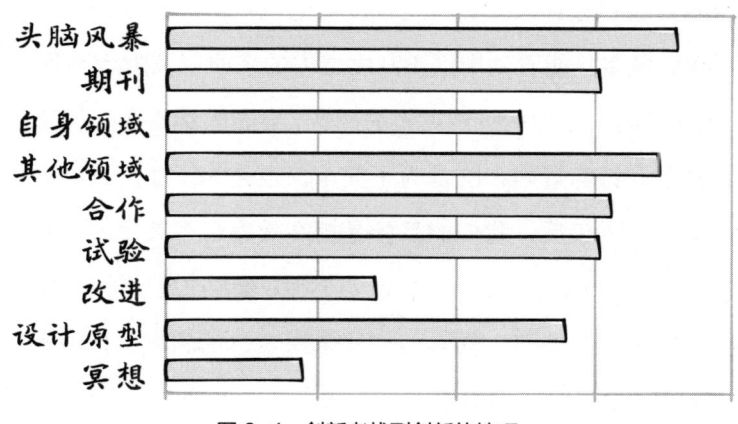

图 6-4　创新者找到创新的技巧

注：根据对不同领域上百名创新者进行的在线调查绘制。

创意与过滤器

尽管我大肆宣扬自己的开放思维,但在国会图书馆里漫无目的地随意寻找创意确实不会让你获得诺贝尔奖。我们被要求找到能够解决问题的创意,即使发现创意接近于玩探索性游戏,最终也必须回归到带有工作性质的那种游戏。

平衡工作和玩乐的秘诀是把头脑看作一个过滤器。与"打开—关闭""创新—守旧"之类的两键开关不同,我们需要控制闭合程度的一个滑动条。如果你想要新创意,就得把滑动条向"打开"方向滑动,关闭一些过滤器,探索你通常会立即拒绝的想法——就这样一直向"打开"方向滑动,直到找到一些有趣的想法;然后,过滤器逐一打开,直到只剩下一些对解决手头问题又好又实用的创意。选择在哪个时间节点开启哪个过滤器对于创新的成功非常重要：只有开放的头脑还不够,还要知道何时推迟做出某些判断，何时折返继续进行判断。如果头脑始终处于打开的状态，任何创意也变不成现实；如果头脑从不打开，创意就无从开始。

我们的大脑和感官天生在一定程度上起到滤除某些东西的作用。以视力为例：我们最多只能看到周围 160 度之内的东西以及附近不到 50% 的视觉信息。与人类相比，狗能听到更多的声音，猫能闻到更多的气味。小时候，我们学习操守和行为规则，既是为了安全，也是为了适应社会，但这也滤除了诸多可能。成年后，我们的目标是提高效率，整天想着寻找捷径和有力的工具，这对创新来说更为不利。事实上，探索者或发明家并不追求效率，他们会长时间关闭过滤器，探索他们从未探索过的领域，他们有时故意绕过捷径，甚至去冒风险。而对于大多数人而言，即使被委以创造性的重任，也往往过早开启了过滤器。

头脑风暴的历史和误用

"头脑风暴"这个词自诞生以来的 50 年里一直被滥用，词义已经变了味。这个概念源于亚历克斯·F. 奥斯本，他的大作《应用想象力》开启了出版商业创造力图书的先河。[①] 这本书的声名鹊起使得"头脑风暴"这个词很快成了解决任何一个商业问题的灵丹妙药。当这剂良药无法做到将人们的智商提高三倍、扭转高管愚蠢的决策，或者使运转不畅的团队立竿见影般效率倍增时，商界就转而对其"千夫所指"，全然忘却它本初的价值。如今，那些仍然使用这个词的人简单地用它指任何需要做的脑力活儿。头脑风暴作为一种方法，其真正本质在《应用想象力》一书中有精彩论述，该书是被遗忘的经典之作，非常值得去品味。其核心信息非常简单：

---

① 亚历克斯·F. 奥斯本. 应用想象力. 曼哈顿：查尔斯·斯克里布纳之子出版社，1957。

- 你有三样东西：事实、创意和解决方案。
- 每一样东西你都需要去花"高质量"时间。

最大的错误莫过于从事实直接跳跃到解决方案，略过了把玩和探索环节，而这个环节才是寻找新创意的核心。我们大多数人都有寻找事实的经验——我们整个教育过程都是在被灌输事实，而且，现代媒本也起到了推波助澜的作用。我们也很熟悉解决方案，这是我们花钱得到的终极产品，也是我们为什么能在这个世界上立足的原因所在。但是找到创意？那是什么东西？很少有成年人有足够的耐心去寻找创意，但却是创造力（想想公园中那个孩子）和头脑风暴（按照奥斯本的定义）的核心。

- 发现事实。收集数据、信息和成堆的研究工作。
- 发现创意。探索可能性（尽可能摆脱各种限制），根据发现创意的需要利用或者忽略某些事实。
- 发现解决方案。将有希望的创意细化为可具体应用的解决方案。

找到创意与关闭过滤器

奥斯本研究了哪些环境能刺激人们的创造力，而该研究归纳出以下四个发现创意的（又称头脑风暴）规则：

规则1 将目标设定在数量上，而不是质量上（想想贝多芬、霍夫和鲍林宽广的视野）。不去探索想法，将其进行各式拼接、组合，我们就无从知晓这些想法的价值，我们需要更广阔的视野。按照奥斯本的说法，如果领导得当，四五人组成的团队可以在半小时到一小时内持续不断地为任何问题寻找新想法，在才思耗尽之前可以想出50~100

个点子（参见《应用想象力》）。

规则2 鼓励跨越界限，说一些不合逻辑、出乎意料和不可预测的事情。我们因为害怕尴尬自然而然会抑制我们要说的话，但是如果你将说些离谱的话作为目标并给予奖励，就会帮助关闭过滤器，从而打开发现有趣想法的机会。有时，针对特定问题提出的最糟糕的想法可以引领你迈向有趣的方向，从而到达你从未去过的地方。你是否曾经在一个陌生城市的一个破败社区迷了路，却意外发现一家很棒的商店或餐厅？现有许多源头，而规则2可以迫使你去探索。如果在头脑风暴会议上没有探讨任何有争议、怪异或引发尴尬的内容，你就违反了规则2。

规则3 就像丹·布莱克林通过想法组合发明了VisiCalc的路径那样，鼓励想法组合，通过想法混合和创意孵化来推动创造性思维。所有的创意生成都离不开其他的创意。明确这一点可以防止人们因为害怕借用或改变别人提到的想法而压制想法。"不是我想出的点子"综合征，即拒绝他人的想法，显然违反了规则3。①

规则4 带我们回到公园里那个孩子的秘密。探索过程不需要评判。我们对各种可能性还了解不多，为什么要贸然拒绝或接受任何想法呢？ 你会购买坐进的第一辆车吗？你会娶（嫁给）遇到的第一个性感的人吗？在寻找创意时，每个人都需要知道创意应该在日后去评判。如果将目标设定在数量上（规则1），则无须评判最初的想法，只需将其写下来以便日后进行探讨。评判不是什么难事，暂时不做没什么坏处，这样也好让那些创意有被采用的机会。

但是，这样做也有一些局限性。小组讨论时，人性的社会百态就会显现：

---

① 亨利·切萨布鲁夫的著作《开放式创新》对"不是我想出的点子"综合征有精彩评论，还针对如何在组织层面予以克服给出了建议。参见：哈佛商业出版社 2006 版。

是不是每个人都讨好老板？弗雷德会不会成为"话霸"？杰克是不是胆小，什么都不说？指定一个有经验的协调人可以使会议顺利、公平地进行下去，不仅长短可控，而且还能确保大家都遵守规则。会议的氛围应该近似于公园的嬉戏环境：有趣、没什么压力、不受时间限制。这样的氛围有助于人们尝试各种事物，唤醒沉睡的想象力，并享受追逐新想法的愉悦。

创意无处不在的证据

有一款即兴游戏叫作"这是什么？"，看看你周围的物体：一支笔，一个杯子，或者本书，然后问问你自己，"它还有什么其他用处呢？"。先拿你手中的本书为例开始吧！它还可以做门挡，用作武器、盘子，可以让你的老板不那么白痴，也可权当浪费了几十美元，如此等等。和一个朋友一起玩这个游戏，看看谁可以想出更多的创意。

这个游戏的意义在于让我们认识到任何东西都有它原本用途以外的功用，而我们却假定任何东西只有一种用途，这显然不对，因为你可以把任何东西用于任何目的（尽管可能不那么好用，但你可以试试）。没人拦着你把书做成内裤或者拿去糊墙。这个游戏迫使你关闭过滤器。

许多伟大的创意萌发于将一件东西重新用到另一件东西上：激光束被用来制作CD播放器和超市的结账扫描仪。尝试开发某种物品的新用途，即便失败了，也能使人发现别人没有想到过的创意。用你工作中的物件或者有待重启的失败项目来玩这个游戏，你会发现自己思路飞扬，各种创意纷至沓来。

第7章

创新这事儿,老板比你懂

如果世界上最有智慧的人物之一斯蒂芬·霍金任职某公司，典型的高管会给他什么建议呢？他们会要求他写每日进展报告吗？会要求他在团队汇报会上用幻灯片就他的行动项目进行答辩吗？同样引发好奇的是，史蒂夫·沃兹尼亚克、阿尔伯特·爱因斯坦或艾萨克·牛顿是否曾经填写考勤卡，是否写过绩效评估，或者他们的想法是否被中层管理委员会在记分卡上排名呢？你能想象莫扎特、达·芬奇或者居里夫人在一开就是一整天的全公司会议上坐在一起做笔记吗？很难想象这些司空见惯的场景对创新能起什么作用。

　　如果我们觉得过去的创新者在我们的工作环境中难以获得令人瞩目的业绩，那么又怎能认为我们在他们的工作环境中能取得创造性成就呢？什么样的环境塑造什么样的才能。如果我们把莎士比亚或巴赫扔进一个扼杀创造性的地牢，一有想法进入他们的脑海，就用鞭子抽打他们，他们即使还能展现出创造力，也不会长久保持。

　　很少有管理者认识到他们接受的培训和积累的经验使他们在管理过程中抑制创新，维护现状。管理的艺术隐于《哈佛商业评论》和《快公司》杂志关注的热门趋势之下，其用武之地历来都是在工厂、银行和铁路这样的场所，而不是在发明、创造性思维或革新这些方面。虽然很容易看出用流水线技术来管理创意团队是不可能的，但许多经理确实是使用这些方法，将好的想法困在抑制想法的系统之中。

"管理者知道该做什么"之误区

让我们做个实验：把本书合上，看看封底，然后把它倒过来。真的，按我说的做，好吗？求您了，做好吗？听着，我是本书的作者，我命令你按我说的去做。现在就做，否则我会停止写作。我等着，看谁没做（想象我坐在办公桌前，摆弄着作家特有的大拇指，无聊透顶，等着你读完这句话就停下来，顺从我的命令，把书翻过来检查封底。看，这很值得，我把手按在本书上发誓）。好吧，既然你开始继续阅读本书了，我们就在权力和才能的语境下聊聊刚才发生的事吧。

即使阅读本书是你一生中干的最糟糕的一件事，我敢打赌你还是查看了封底。因很简单：作为作者，我有权力。你假设我知道该做什么。但是权力和天赋是有区别的。你去看封底并不是因为我才华横溢，而是因为我全能的神一样的声音让你去看（现在，给我送六个糖霜纸杯蛋糕、一筐淡啤酒和 1200 万美元的小额无标记钞票①）。

类似的场景在职场普遍存在。掌权者可以做出其他人无权做出的决定，但这并不意味着他们有做决定的智慧或经验。每个创新大鳄都曾为那些对创新一无所知的管理者当过下属。但我们不愿承认这一点，因为我们经常更愿相信，那些有权力的人也有才力（尽管事实恰恰相反）。这样一来，我们在他们手下工作就变得可以容忍，因为我们有了一个为他们工作的理由（无论这个理由多么荒谬）。当然也有一些杰出的管理者，他们的才力配得上权力，但这样的人寥若晨星。此外，创新者还要注意不要误入迷途，因为迷信他人的权力就很容易忽视这些人的平庸。

---

① 权威心理学并不是一个笑话。影响深远的米尔格伦服通过实验证明我们很容易去互相折磨，仅仅因为别人要求我们这样做。参见：http://www.holah.co.uk/summary/milgram/。

为什么管理者会失败

本书强调没有人知道未来会发生什么。每一项伟大的创新都曾被几十个位高权重者嘲笑着扫地出门。第一台复印机的发明者切斯特·卡尔森被告知他需要的技术永远不会存在。19 世纪最伟大的物理学家之一开尔文勋爵曾说，比空气重的机器永远无法飞行。眼下，有权势的管理者，即使是出现在杂志封面上的新锐管理者，都无法预测未来，没有创新"神谕"。像巴克敏斯特·富勒或尼古拉斯·尼葛洛庞帝（麻省理工学院媒体实验室的创始人）这样的未来主义者，他们大部分时候所做的预测也都是错的。①人类无法确切地知道接下来会发生什么。

然而，不知何故，当人们把新想法告诉经理时，他们就忘记了预测的易错性，认为经理对新想法是否具有可行性更有见地，可能是觉得经理有卓越的经验和行业知识。但是经验和行业知识同时也是不利于创新的因素：经验丰富和信心满满易于使人成为最大的抵制者，因为一旦失败，会损失很大（参见第 4 章"解读创新困境"部分）。主管螺旋桨飞机设计的经理是最后采用喷气式发动机引擎的人。同样的事情也发生在图形用户界面之于命令行，电话之于电报，甚至（承认这一点很难）我们现在使用的东西之于今后问世的东西。

人们要维护自己稳操胜券的东西，而不是贸然进入未知领域，这是自然而然的事情，管理者也不例外。管理者的情况可能更糟，因为他们赖以生存的政治生态使他们的求稳观念更加根深蒂固，使他们更具戒心。彼得·德鲁克写道："管理层倾向于认为，任何存续了相当长时间的事物肯定是正常的，要永远存续下去，这是自然之道。因此，任何与之相悖的东

---

① 巴克敏斯特·富勒创造了许多词汇，其中有"协同效应"这个词。这很好地提醒了我们，所有的单词都是由某人创造的，所以语言中添加了新词就唉声叹气是很愚蠢的。

西都被认为是不稳妥的。"因为很少有管理者意识到这些天然的偏见，也没有受过训练来克服这些偏见，所以，当未来（伪装成半成熟的、形态怪异的想法）来敲门时，他们还没有准备好。这不是一个智力或意图的问题，而是是否愿意重新评估管理层目的的问题。

管理层和创新者之间的冲突

专业管理诞生于对优化和控制的渴望，而不是引领变革浪潮。弗雷德里克·泰勒、亨利·福特和亨利·劳伦斯·甘特（甘特图，即生产计划进度图的发明者）被公认为"专业管理之父"，他们认为，管理应该是一门简化的科学，目标是最大限度地减少投机，优化绩效，并夺取个人的控制权。在第一批工商管理硕士毕业生梦想从事高薪咨询工作之前的几十年里，泰勒先生研究了工厂工人的低效率问题。他手里拿着秒表，记着笔记，做了些时间研究，并给出了提高工作效率的方法。没错儿，结论就是：配件、铰链、螺母和螺栓的制作是推动业务管理创建的原因。[①] 泰勒的管理学被称为科学管理学或经典管理学，其哲学理念的核心是将工作设计成一系列可重复的任务，并对经理以量化的方式优化公司的表现——例如，每分钟制作的配件数进行鼓励（见图7-1）。

如果你觉得这太过老套，那请记住，19世纪和20世纪初的汽车、石油和铁路工业促进了美国的经济增长。这些行业的成功使泰勒的理念被奉为圭臬，创造出的滚滚财富还被用来创办或资助当今许多知名高校（范德堡大学、斯坦福商学院、哈佛商学院、麻省理工学院斯隆商学

[①] 在泰勒之前还有其他管理理论家。军队拥有最古老的管理传统，因为他们是第一个需要组织大量人力来完成控制性任务的组织。

图 7-1　运营装配线的管理理念永远不能创造出像装配线这样的创新。
福特的第一个汽车组装流水线（1913 年）

院等）。①一些现代管理计划无论多么进步，其根源都可追溯到一种并不善待创新的传统。管理作为一门学科，深陷一种老派的命令和控制观念，在互联网时代依然抱残守缺，不能自拔。

公平地说，大多数管理人员在大多数情况下都明智地致力于维持业务良好运行。保持企业盈利和团队有效合作已经够难的了；如果一个组织运行良好、生意兴隆，那么领导者的管理在于维护良好的局面就无可非议（尽管泰勒的理念并非合理方式）。②然而，当管理者举起创新的旗帜时，目

---

① 范德比尔特和斯坦福创办了范德堡大学和斯坦福大学，他们都是铁路大亨。哈佛商学院的第一个校区是由第一国民银行的行长乔治·费舍尔·贝克资助建设的。麻省理工学院斯隆商学院是以通用汽车公司董事会主席小阿尔弗雷德·P. 斯隆的名字命名的。

② 泰勒在一件事上是对的：当时，生产效率很低，他能提出新问题，这值得称赞。然而，他没有通过让工人们参与提高工作效率来给他们赋能。许多员工都有提高工作效率的想法，如果能有回报，他们会提出建议——泰勒从未考虑过这个策略，而且工人们的方法可能比他自己的更有效（所有这些研究都有必要吗？我可以想象工人们在泰勒身后大笑，因为他花了几个星期才发现的效率低下问题工人们上班第一天就发现了）。

标就会改变，方法也必须随之改变。许多人通常遵循泰勒式理念，将其视为规则，全然不顾目标有何要求。这些人随处可见：他们可能知道一些流行语或高调谈论寻求突破，但他们规避所有风险，从不向任何创造性权威低头，以自我为中心对创意流实行等级控制。就像管理流水线一样，这些经理人坚定认为他们才是聪慧之人，而创新者不过是完成流水任务的打工人，因而必须对他们实施日常管理和控制。

哈佛商学院管理学教授艾米·C. 埃德蒙森对此表示赞同："管理学101是……基于这样的假设，即我们高度确定需要发生什么……这根本就是一个过时的概念，但我们仍然使用相同的管理工具——流水线思维……"[①] 领导创新需要重新思考经理的角色定位、成功的定义以及什么才是有效的策略。为此，我们必须回顾历史，看看过去的创新采取了何种管理模式。

管理创新的 5 个挑战

我回顾了来自不同行业、团队规模和时代的数百个创新项目的历史，并提炼了这些创新项目的管理者面临的 5 个挑战。当然，克服了这些挑战并不能确保成功，也会有例外，如有些领导者遵循了这些指导却失败了，而有些领导者忽视这些指导但仍然取得了成功（见第 3 章）。然而，这些归纳出的指导意见非常奏效，可以广泛应用于初创公司、个人创业、临时团队，甚至是大型组织中的创新项目。无论涉及多少人，总有人会面临全部 5 个挑战，而且必须将这 5 个挑战全部克服才能将创新带给世界。

---

① 凯利·霍兰德. 新管理，新气象. 纽约时报, 2006-11-05. http://www.nytimes.com/2006/11/05/business/yourmoney/05mgmt.html.

1. 想法的生命周期。
2. 环境。
3. 保护。
4. 实施。
5. 说服。

想法的生命周期

想法无处不在。第 6 章探讨了创造性思维的一些基础知识，但想法的生命周期比在头脑风暴会议中产生想法更加重要，因为如果创造力的势能没有得到转化，世界上再好的金点子大会也毫无用处。想法本身并无大用，重要的是怎样用好这些想法。有人给这些想法投资吗？有人给这些想法鼓励吗？有人将这些想法当作发明和思考的基石吗？想法的创始人有没有获得现金奖励或者获得到夏威夷度假的奖赏？人们是否被督促着去探索、去制造原型、去遵循直觉、去从发生的事情中学习经验和教训？

拥有健康想法生命周期的团队很容易被发现：想法很轻松地在人与人之间快速流动。对话中充满了问题和建议；经常展出原型机并进行示范；人们致力于发现好想法、捍卫好想法。通常，这是很有趣的——人们很乐意从失败、辩论和怪异的想法中学习。有创新能力的团队是想法生存的好地方：就像快乐的宠物一样，它们受到了善待，得到了很多关注，在深切关注它们的人群中感受到了关怀和爱。

想法的生命周期是由执牛耳者决定的。他通过自己的反应和行为来行使"生死大权"，特别是当别人提出不同的想法时。如果有人问："嘿，老板，我们可以在午餐时召开工作进度会吗？这样可以节省时间。"老板怒怼道："再说那样的蠢话，我就炒你鱿鱼。"之后没人会再问类似的问题了。所有改进工作进度会议，或者改进任何东西的想法，都永远断了念头。更为典型的情况是，如果除经理的想法外，其他人的想法从未被采纳过，人们最终就不会再提任何建议了。

对于一个团队而言，如果创意的丛林变成了烧焦的田野，老板难辞其咎。作为老板，他必须关注所有员工想法的生命周期，肯花时间和金钱激发他们产生活跃的想法，给他们自由呼吸的空间，并且支持这些想法的发展、转化和循环利用（给新想法让路）。

环境

艾伦·凯是施乐帕洛阿尔托研究中心传奇团体的成员，他这样评价他的经理鲍勃·泰勒："他的态度创造了一个安全的环境，使员工得以抛开恐惧和自我保护，集中精力处理手头的问题，不受外界干扰。"[①] 根据许多说法，鲍勃·泰勒在一个放满豆袋椅子的房间里举行周例会，鼓励自由讨论各种想法，包括公开批评和辩论。其目标不是互相折磨，而是根据需要去推动、催促、劝诱、分享、感召、激怒，让每个优秀的创意都能焕发出勃勃生机。[②] 这样的环境把创新放在中心位置，办公室政治、故作姿态和等级制度被边缘化；还可以延伸到办公室的建筑布局设计，因为人们的创造力和分享想法的能力在很大程度上受到办公室、共享空间和建筑物设计方式的影响。

艾迪欧公司的总经理汤姆·凯利著有《创新的艺术》[③]，他解释道：

[①] 道格拉斯·史密斯，罗伯特·亚历山大. 摸索未来：施乐公司如何发明却又忽略了第一台个人电脑. 布鲁明顿：爱由斯，1999：79.

[②] 杰里·赫什伯格的著作《创造性的优先事项：推动现实世界中的创新》（哈珀商业出版社1998年版）对管理者在创造性环境中的作用有过精彩探讨。这本书基于他担任日产设计总监时的经历，并解释了张力在创造性环境中的作用（他称之为创造性磨损）。

[③] 汤姆·凯利. 创新的艺术. 纽约：卡瑞斯/道布尔戴出版社，2001.

创新在温室中茁壮成长。我说的温室是什么意思呢？就是一个所有要素都适宜培育优秀创意的地方，那里有合适的热量、光照、湿度以及精心培育。我们所说的温室当然是指工作场所、办公空间的合理布局以及团队合作的最佳方式。

刘易斯·托马斯是耶鲁大学医学院前院长，著有《细胞生命的礼赞：一个生物学观察者的手记》[①]，他写道：

> 你可以用笑声来判断何时发生了一些重要的事情。在实验室我总能看到这样的场景：每当实验室里发生了非常有趣的事情，起初看起来很好玩儿，惊奇伴随着笑声——确实很好玩。每当你听到了笑声……你就知道一切进展顺利，某些值得注视的东西在实验室里诞生了。

这种笑声，在某种程度上，意味着人们乐于接受新创意。拉尔弗玩具、开放式建筑和谷歌总部的有趣氛围（见第1章）不是噱头；环境助长创意和协作，有助于创新在组织内部交流。

招聘和团队结构可能比其他所有因素加起来更能定性工作环境。鲍勃·泰勒在招聘时首先考虑创新问题，招聘天性挑战现状、主动追逐梦想的人才。他想要的人才从新事物的不定性中脱颖而出，推动想法向现实转化。泰勒认为，作为管理者，他不是伟大的创造者或装配线工头，而是他人想法的助力者。这种理念非常奏效——他的团队开发出了激光打印机、以太网、面向对象的计算和图形用户界面。优秀的创新管理者需要认识到

[①] 刘易斯·托马斯.细胞生命的礼赞：一个生物学观察者的手记.伦敦：企鹅出版社，1978.

他们对环境具有主要的控制权，有责任为有才华的人创造一个发挥最大潜能的工作场所。

保护

有一件事天才做不了，只有经理来做，那就是提供火力掩护。无论是通过权力、鼓舞人心还是个人魅力，经理都承担着保护团队的非凡职责。创新总会威胁到当权者，因此，高管要削减预算时，斧头总是首先砍向创新。经理的独特作用是在创新初期无法自我保护时采取一切必要的措施来保护创新。史蒂夫·乔布斯将麦金塔项目移进苹果总部的另一栋大楼，并将其与公司的其他部门隔离开来。东芝公司的第一台笔记本电脑遭到公司高层拒绝，项目负责人沟口哲努力将项目维持下去，直到赢得高管的支持。三年后，该产品拥有了38%的市场份额。① 任何突破性工作都有人充当盾牌，护卫创新的成长。

托马斯·爱迪生的秘密武器之一是他的明星形象。他也许曾经很自负，但他用明星地位作为自己研究实验室的盾牌，这才是他真正的创新引擎。他的精英团队——新泽西州门洛帕克的十几名发明家——默默无闻地快乐工作着，不受公众监督，也不用抛头露面去承受采访的压力。电灯和留声机的许多重大见解都归功于他的员工，而非爱迪生本人。创意失败了，爱迪生个人担着，让自己成为投资人和公众的靶子，借此保护他的团队免受各种消息的负面影响。②

所有的创新都需要政治资本来运作：预算和员工的命脉总有源头，而每个人（包括项目负责人）都在争夺这些有限的资源。甚至从车库开始起

---

① 埃弗雷特·M.罗杰斯.创新的扩散.弗雷出版社，2003: 145。
② 安德鲁·哈格顿.突破如何发生：公司如何创新令人惊讶的真相.剑桥：哈佛商学院出版社，2003。

家的著名初创公司起初也不得不与沮丧的配偶和尖刻的娃们争夺资源，因为公司想把资源用于家庭日常（家庭和任何组织一样具有政治性）。生活是一个零和游戏，创新的资源投入必须以牺牲其他支出为代价。

成功的创新者会权衡自己的抱负与拥有的资本。如果一个项目需要的时间、资金投入或者政治火力掩护，项目领导无法满足，那么该项目就会过早遭遇炮火攻击、遭受重创，甚至被扼杀掉。如果经理决定冒险一搏，而后预算（或者贷款）却被收回，或者答应的承诺未能兑现，那么无论有多少伟大的想法，多少利于创造性的环境或者多少优秀的人才，项目也会因为资金短缺而夭亡。如果经理过于保守不愿承担太大风险，该项目可能会留存下来，但会因创新程度不足达不到既定目标。就像走钢丝，推进一个项目要掌握好力度；每个成功的创新者从一开始就致力于同样的平衡操作。

保护创新包括获取资金、寻找盟友、保护团队免受天敌的伤害（现状捍卫者、嫉妒的经理、组织白痴行为持续蔓延之威胁），甚至缓冲团队及其领衔人士的自暴自弃倾向。有时，保护创新团队需要隐瞒可能使团队气馁的信息（如副总裁的凝固汽油弹反馈），这考验经理的判断力、边界意识以及为项目做出心理牺牲的意愿。与其他人相比，经理要为团队承受更大的攻击和压力。

实施

想法是抽象的。你不能从装满想法的自动柜员机里提取现金，也不能乘坐气垫船的概念通勤回家。想法必须发展成必要的形式——展品、原型、产品——才对人有用。引导一个想法沿着从概念到现实的漫长而艰难的道路前进，被称为执行。尽管与创造性思维相比，执行给人的感觉像个力气活儿，但是执行一个想法是创新管理者所面临的最困难的任务。在第6章，我们探讨了找到想法非常容易，难的是做所有必要工作使想法具体呈现于世人面前。我们知道爱迪生、赖特、沃兹尼亚克和特斯拉这些名字，并不仅是因为他们有伟大的想法，而是因为他们抢在竞争对手前面具体实施了这些想法。史蒂夫·乔布斯说："将理念变成作品才是真正的艺术家。"此言甚是：他召集麦金塔团队，投入漫长的时间，忍受疲惫、乏味之苦，终于推出产品，并使其走向市场。①

执行力迫使管理者处理在头脑风暴和演示环节被忽略的无数细节性问题。借"我们稍后再处理"或"目前并不重要"这些遁词一扫而光的细节性问题，现在变成了管理者无法回避的挑战，需要立即处置，否则进展就会停止。那么多想法一经抛出就惨遭拒绝，对于创新者而言是难以承受的。尽管他们的热情说服了他人支持他们的想法，但如果要这些想法变成现实里的实物，这种热情就必须通过妥协来温和处理。

挑战在于在正确的时间以正确的方式做出正确的牺牲：这没有现成的公式，管理者及其团队必须自己判断。管理者必须力求团队达到平衡：在早期阶段，理想驱动团队（"我们将改变世界！"）；在后期，要对时间和预算做出必要限制（"我们必须在四个星期内完工，要么完工，要么完蛋！"）。理想主义太多，创意变不成产品；理想主义不足，给世界带来多少改变。

说服

创新领军人物——比如杰夫·霍金斯（Palm掌上电脑）、史蒂夫·乔布斯（苹果）和鲍勃·泰勒（施乐帕洛阿尔托）——经常需要放下他们的身

---

① http://www.folklore.org/StoryView.py?project=Macintosh&story=Real_Artists_Ship.txt。

段极力推销他们的项目。创新者并没有把所需要的全部握在自己手中，因此，也需要他人来帮助完成项目：初创企业需要投资者，电影需要制片公司，企业需要从银行贷款。早些时候，我们探讨了为什么人们不喜欢新想法，以及有新想法的人面临的问题。诚然，管理者也面临很多问题，而且承受的风险更高，因为他们不仅要对自己的想法负责，还承载着整个团队的希望。

所有的创新英雄都有 N 次被赶出门的经历，但都挺了过来，卡尔森、乔布斯、佩奇和布林以及史密斯等无一例外。尽管这些创新领军人物可能游说能力很强，但还不足以避免被拒。我们把伟大的说服者想象成具有超凡魅力的人物，用特殊的力量把项目说得天花乱坠，把人说得晕头转向，很快即可将说服对象拿下。但真正的创新者不是魔术师。成功和失败之间的区别通常取决于坚持不懈，而不是天赋或魅力（尽管能起到一定的作用）。

乔布斯解释说："我深信，与不成功的企业家相比，成功的企业家之所以取得成功，大约一半原因是靠毅力。"[1] 说服是一种技能。如果有足够的动力，任何人都能提高说服技能。[2]

启动项目、招募顶尖人才、获取资源、挽留人才（或配偶）、产品一旦上市就敦促投资者或客户购买，所有这些都需要说服技能。说服力可以推动各个层面的创新，每一项成功的创新都依赖于让人们相信以前从未做过的事情。

---

[1] http://americanhistory.si.edu/collections/comphist/sj1.html。

[2] 罗伯特·B. 恰尔迪尼. 影响：科学与实践. 波士顿：阿林和培根，2000。

第 8 章

最佳想法胜出

最好的想法并不总能胜出，但这并不妨碍人们相信它们会胜出。有些创新者觉得自己的想法较他人的有明显优势，但却很难得到世人认可，每每这时都会感到非常沮丧。任何时候、任何领域总有创新者笃信他们的想法优于别人的，所以应该而且肯定会胜出，事实非如所愿时会顿感诧异、沮丧、愤怒。当然，有远见的创新者在这些问题上很少是客观的，因为所谓的最佳想法往往是他们的一厢情愿。① "超文本"这个术语的创造者泰德·尼尔森感叹万维网的局限性，在网络浏览器问世前几十年就构思出诸多大创意，现在还依然为之奋斗。个人计算机的先驱道格拉斯·恩格尔巴特和艾伦·凯早在20世纪70年代就提出了一些宏伟构想，但至今仍未转化为现实，对此，他们非常恼火。② 就连马丁·路德·金、甘地和托马斯·杰斐逊这样的社会和政治创新人物也认为最佳创意应该胜出，在惨遭现实暴击之后也同样惊呼正义何在。

创新者往往是理想主义者，这不是新闻，但不应低估最佳创意获胜的认识误区。请注意，很少有人四处争辩说最糟糕的想法会胜出，或者宣称自己的发明是垃圾。至于世界是什么或应该是什么，以及为什么某些人、

---

① 我还没有找到关于自我、创新和成就之间关系的可靠参考资料。有个一般性参考资料是迪安·基斯·西蒙顿的著作《伟大：谁创造了历史，以及为什么》（吉尔福德出版社1994年版）。然而，可以这样说，我所读过的关于伟大创新者的传记中大部分都包含伟大的自我。

② 道格·恩格尔巴特接受过许多采访，被问及他如何看待自己的历史地位以及当今计算机的发展状况。简要提到他对当下计算机发展状况的短故事，参见：http://queue.acm.org/detail.cfm?id=1039523。艾伦·凯结合更好的想法被忽视这样一个事实，也提供了许多关于技术状况的评论，有些好想法在此采访中谈到过：http://www.educause.edu/ir/library/html/erm/erm99/erm99027.html。

想法、发明脱颖而出，而其他人、想法、发明却不能，人们自然有各自的看法，甚至最好、好、赢和输也不过是主观概念，正如人们痴迷于用二分概念来表达认识。好与坏、最好与最坏、快乐与悲伤都是根基不稳的结构，因为世界永远不是简单的二元划分（例如，快乐与悲伤的二元划分忽略了苦乐参半的存在）。但是，这阻止不了人们依然用二分法来看待世界。

本书到目前已经清楚说明，创新是复杂的，有很多含义，涉及诸多因素，绝非那些妙趣神话中的精辟引语可以归纳。正如本章所解释的，观点有很多，不可能都记住且一直不忘。这就是为什么最佳创意胜出的认识误区如此危险：它装扮成负鼠，仰面打滚，看起来天真可爱；它悄悄地溜到我们背后，伸出毛茸茸的小爪子轻拍我们的肩膀，我们扭头找寻却没发现端倪时，它们就开心大笑。

为什么人们认为最好的胜出

童话故事和英雄故事遵循相似的模式：好人赢，坏人输，做正确事情的人得到丰厚的奖励。[1] 这些规则令人愉快，容易记住，从我们会讲故事开始，这些规则就一直伴随着我们。在包括美国在内的一些文化中，这些"善者胜"的故事延伸到智力优秀和创造美好事物。美国人认为独创性是最好的"善"，将其聚焦并投射到美国的历史中：本杰明·富兰克林的政治创造力；革命战争中后备民兵的创新战术（实际没那么创新）；惠特尼、富尔顿、爱迪生、福特、卡内基和史蒂夫·乔布斯的工业才气。简单来说，英雄就是在某个行业做得最好的人。美国创造的是"超人"，而不是"二流人"或者"有时比普通人好一点的人"。

---

[1] 当然，神话和童话故事有很多，而且，神话和童话里要实现的愿望、塑造的英雄，都可溯及神殿里供奉的众神。参见：布鲁诺·贝特尔海姆.魔法的种种用法.伦敦：企鹅出版社，1991.或约瑟夫·坎贝尔.千面英雄.普林斯顿大学出版社，1972.

精英管理——最优秀的人确实或者应该获胜的理想——是美国人根深蒂固的信念，也是美国梦的一部分。结合英雄模式（善者胜），自然倾向于将历史叙述推向符合理想的故事，而粉饰或忽略那些不符合理想的故事。每当我们不知道为什么某人或某事胜出的全部真相时，默认假设便是：

1. 胜利是应得之誉：“爱迪生制造了第一个灯泡。”
2. 胜利是英雄之举：“古登堡为互联网铺平了道路。”

当然，大多数人都知道最好的并不总能赢，但我们不会费尽周折去找出反例（就像"进化与创新"一节中的讨论一样）。我们接受符合我们熟知模式的故事，因为它们带给人们快乐的感觉，让人们坚信那就是生活该有的样子。过去有些赢家，如洛克菲勒、卡内基，甚至阿喀琉斯，虽然道德或者取胜原因存疑，但是他们被世人铭记的不是其缺陷或在其时代不受欢迎的事实，而是作为功勋卓著的英雄。他们的胜利和慈善活动符合神话里的"真理"模式，是我们讲述他们生活时最流行的故事版本。[1] 即使他们做过不好的决定，随着时间的推移，那些糟糕判断的理由也会逐渐消失，留下的只有尊重。以自由钟为例：它在1753年第一次敲击时裂成两半，几十年后又再次断裂（显然绝非制作精良或者属于什么英雄壮举），而现在却成为美国历史上受人崇拜的历史文物。[2] 阿尔弗雷德·诺贝尔以

---

[1] 强盗大亨很容易成为攻击目标。尽管有这样的标签，但如今他们主要因关心慈善事业、资助大学和建立基金会而获得认可。卡内基卷入过几起涉及工人权力的事件，包括1892年的霍姆斯特德罢工，卡内基手下的一个经理弗里克领导了员工停工抗议，引发了骚乱，导致12人死亡。颇具讽刺意味的是，位于匹兹堡的卡内基梅隆大学旁边有座公园被命名为弗里克公园。但是，大部分学生知道卡内基只是因为他资助建立了卡内基梅隆大学。参见：http://www.pbs.org/wgbh/amex/carnegie/peopleevents/pande04.html。

[2] 自由钟直到1835年才得此名。围绕它有相当多的不幸故事，其中一些本身很可能就是误传。参见：http://www.libertybellmuseum.com/resources/faqs.htm。

创立诺贝尔和平奖闻名于世，而很少有人记着他通过发明炸药赚取了巨额财富。①

在美国流行的虚构传奇里的名流包括麦盖菲尔、詹姆斯·邦德、印第安纳·琼斯、约翰·麦克莱恩（来自电影《虎胆龙威》）和柯克船长，他们都是无敌的英雄，通过妙思、奇谋、无端暴力，以压倒性的优势战胜邪恶。因为拥有更好的想法，所以，他们赢了。我们喜欢创造性的理想主义，有时甚至近乎极端。例如，在安·兰德的《源泉》这个故事中，英雄建筑师霍华德·罗克就坚持想法至上。尽管故事很复杂，但表达的主题很简单：主角愿意为自己的想法做出牺牲。这部史诗小说传达的信息可以概述为"善应该胜恶"，因此，如果一个更好的想法被忽视了，世人就是罪魁祸首（"守旧庸人的敌意"）。这种信念比精英管理更进一步——世界感觉什么最好，不如个人感觉的重要。

应用到商业领域，"善者胜"的神话在这句名言中得到了最好的诠释："如果你造出一个更好的捕鼠器，人们就会踏破你的门槛。"它有时被释义为"球场建好了，球员自会来"——这是电影《梦想之地》里的标志性名言。遗憾的是，这句话被误认为19世纪杰出知识分子拉尔夫·沃尔多·爱默生之语。爱默生的原话很可能是："如果一个人有好玉米、好木头、好木板、好猪要卖，你就会发现通往他家的宽阔道路上人流如织。"② 我不知道你上次卖猪或种玉米是什么时候，但爱默生这样说不是为了召集潜在的企业家参与创新进程，而是另有他意。这句话是一种诗意表述，无意起到指导作用。要是知道这么多人只从字面上理解他的意思，爱默生会失望的。

---

① 诺贝尔是个未解之谜，所以他怎样看待自己的发明我们不得而知。然而，诺贝尔奖是在他弥留之际根据其遗嘱设立的。

② 杰克·霍普. 更好的捕鼠器. 美国遗产, 1996, 47（6）http://www.americanheritage.com/articles/magazine/ah/1996/6/1996_6_90.shtml。

这句话被企业家当作座右铭，使数百万人误以为想法如果足够好，其定会自我推销。自我推销固然好，但其"善"的特质也许还不足以抢了愚蠢想法的风头。正如历史学家约翰·H.林哈德注意到的那样，即使是著名引言中的（误传）捕鼠器，每年在美国也有大约400项新设计申请专利，但可以肯定，没人会踏进这些专利申请人的门槛。① 现存超过4000项捕鼠器专利，仅有大约20种最终进入市场，成为盈利产品。如今，替代捕鼠器比喻的最佳版本是"建一个更好的网站（人们会踏破你的门槛）"，每年申请的30000项软件专利和建设的100万个网站就是明证。② 当然，并非所有努力都是出于赚取财富或者主观意愿，但许多发明家仍然希望"球场建好了，球员自会来"的信条依然充满生命力。

林哈德基于对创新史的研究，对上述那种盲信提出质疑：

> 创新网络在其早期阶段很少能得到应有的认同……一个更好的捕鼠器，像任何其他东西一样，只有在其创意者说服他人加入他的风险事业中时才能成功，无论是作为投资者、供应商、员工、零售商、客户，还是竞争对手。

想法的善与新只是决定想法成败的部分原因。当我们感伤我们最喜欢的餐厅倒闭了时（"但是他们做的意大利卷最棒！"），或者哀叹为什么我们最喜欢的乐队专辑卖不动时（"他们的歌词最好！"），我们关注的只是影响我们个人的小小环节，只是决定其命运的诸多因素中的一个。然

---

① 杰克·霍普.更好的捕鼠器.美国遗产，1996，47（6）http://www.americanheritage.com/articles/magazine/ah/1996/6/1996_6_90.shtml.

② http://www.realgeek.com/230/us-software-patents-hit-record-high/.

而，这些环境因素或次要因素与想法的优劣、才气或创新本身具有同等影响力。

创新的次要因素

创新的历史揭示了许多主导一个领域但被业内人士嘲笑的想法。今天的任何高科技设备都遵循 QWERTY 键盘布局模式，但是这种设计既没考虑效率也不符合人体工程学。菲利普螺丝不如鲜为人知的罗伯逊螺丝（堪称工业设计的巧妙宝石）。①M-16 是世界上广泛制造的步枪之一，最初存在严重的卡壳和易用性问题。②壁炉是美国小木屋和家庭的必备品，是人类已知的效率最低的供暖系统之一。HTML 和 JavaScript 远非最好的软件开发语言，但它们可能是历史上最成功的开发语言。名单可以一直罗列下去，尽管所有聪明、崇尚创新之善的人士一直以来都真心希望不要如此。即使在今天，专家批评的各种想法——包括你自己专业领域的想法——不是被采用了就是在被采用的路上。

在第 4 章中，我们探讨了创新扩散的心理，列出个人做出的选择是如何影响创新采用的。现在，是时候对影响因素进行更广泛的分析了。总结历史，以下是 7 个起主要作用的因素。

文化

火器很可能是在 13 世纪由中国人发明的，但由于各种文化和地理原

---

① 维托尔德·雷布琴斯基. 良好转折：螺丝刀和螺丝钉的自然演进史. 斯克莱布诺，2001. http://inventors.about.com/od/sstartinventions/a/screwdriver.htm。

② 这是一个有争议的说法，其准确性取决于时间。在越南战争期间，这些抱怨很频繁，但有人说 20 世纪 70 年代以后改进了弹药并做了其他一些修改，这些问题便解决了。我不是这个领域的专家，但我确实找到了足够的证据，因此自信地在这一段将其列出。参见：http://www.time.com/time/magazine/article/0,9171,843858,00.html。

因，火器在中国并不像几个世纪后在欧洲那样发展迅速。[①]一些亚洲文化认为剑和旧式格斗更荣光，所以，尽管使用火器具有军事优势，但火器依然被忽视了（电影《星球大战》中的绝地武士持有类似看法）。最好的技术只是创新的一面——创新如何契合文化价值观往往更加重要。例如，想象一下，美国有一种设备，它可以在工作时赋予你心灵感应的能力，但要求你把邻居的狗做成午餐或者在公共场合赤身裸体（这是美国文化的两个禁忌），你能接受吗？创新确实可以改变社会，但必须首先要与现有价值观保持一致方能获得认可。

主导性设计

QWERTY 键盘布局伴随第一台打字机诞生。克里斯托夫·肖尔斯在创建这个布局时，没想到会有数百万人使用它——他如此设计只是为了机械按键不被卡住。打字机成功以后，第一批电脑设计师为了让人们操作键盘更加轻松，就照搬了打字机的键盘设计。许多主导性设计都是在借鉴其他创新的基础上被广泛接受的。也许不去借鉴能有更好的设计，但是这种设计必须对占主导地位的创意进行大幅度改进，让人们觉得付出的代价是值得的（例如，重新学习如何打字）。先前的设计越是占主导地位，转换的成本就越昂贵（例如，尝试创新或统一世界各地的电插头形状）。

继承与传统

美国拒绝公制度量衡系统与传统有关：美国已经使用了英制度量衡系统，为什么还要学习另一个呢？（请参阅下文"空间、度量衡与托马斯·杰斐逊"部分）有些人将易于或乐于接受的观念等同于好的观念。因此，承

[①] 肯尼斯·蔡斯.18 世纪前火器全球发展史.剑桥：剑桥大学出版社，2003。

继下来的观念（包括偏执、无知和都市传说的邪恶）往往得到为该观念所害的人士的捍卫，以示对其父母和过去信仰的尊重。这是一个特定的文化因素。

政治：谁是受益者？

在政治运作中往往并无恶意——人们只是为了自身利益行事。在任何情况下，只需问：如果我们选择 X，谁会受益？如果我们选择 Y，谁会受益？如果你先算出不同选择对当权者有何影响，就可以预测他们对任何新想法的态度。历史上每一项创新被接受或遭到拒绝，都受当权者利益的影响。饥饿、战争和贫困是严峻的问题，但如果有人能从这些问题中牟利，就会有强大的力量维持这些问题持续下去。任何旨在解决这些问题的创新都必须考虑政治因素方可取得成功。①

经济账

创新是昂贵的：转向新事物付出的代价是否值得？每个人都可能认同这一点：理论上讲创新非常不错，但在实践中创新可能得不到所需的融资，或者风险过大。替代主导性设计（见上文）成本很高。通常，时间或金钱只允许在一个方面进行创新——其他方面的创新被弃之不用不是因为它们没有优点，而是因为它们对当前优先事项缺乏价值。

好是主观的

在一个房间找 3 个人询问，你会得到 5 个"好"的定义（见第 10 章）。

---

① "如果你想了解一项新技术，问问你自己，在罪犯、警察和政客的手中，该项技术将如何得到应用。"——威廉·吉布森。

前文提到的壁炉之所以受欢迎，主要是因为其外观而非其功能。消费者在价值观、品味和意见上的差异很少在创新想法提出前或者产品面世前被研究过，结果创新产品面世后公众并不想要。明智的创新者会研究他们的客户，及早掌握客户的需求，并根据需求研制出客户需要的产品。人们常举录像带 Beta 格式与 VHS 格式之争的例子，用在这儿也非常合适：VHS 格式成功的一个关键因素是磁带长度（3 小时，足以拍一部故事片，而 Beta 格式的长度只有 1 小时）；Beta 虽然质量更好，但对于消费者而言长度更为重要。[①]

短期考量与放眼长远

使用期限也是创新需要考量的一个重要方面：这项创新需要使用多长时间？ 许多优秀的创意被社会抛弃，因为人们需要的是价廉的、短期受益的东西。在 20 世纪 30 年代，美国的主要城市都有公共交通——以欧洲的成功设计为蓝本的有轨电车系统。但是在蓬勃发展的 20 世纪 50 年代，汽车受到追捧，因而有轨电车轨道被拆除了，被汽车车道取而代之。今天，许多城市对这些变化感到遗憾，觉得那时的有轨电车系统不就是如今的轻轨系统吗。创意之善随形势而变，取决于对未来的影响有多远。

下次如果你看到一个好想法遭到拒绝，而一个坏想法却被接受，上面列举的几个因素有助于揭示哪些因素在起作用。接下来，我们要验证两项创新，以期揭示这些次要因素在过去是如何发挥作用的。

空间、度量衡与托马斯·杰斐逊

1999 年 9 月 23 日，美国国家航空航天局耗资 3 亿美元打造的火星气

---

① http://www.guardian.co.uk/technology/2003/jan/25/comment.comment。

候探测器在太空中飞行数百万公里后，引擎点火以减速进入火星轨道，标志着其 10 个月的旅程结束。之后，这艘飞行器将以每小时 12000 英里[①]的匀速无声地飞越火星天空。按照所有的程序指令，飞行器按计划转向火星的黑暗面，第一次消失在人们的视野。指挥人员满怀期待地等待这个花费 10 年时间制造的飞行器（见图 8-1）重新出现在另一边。但十分钟过去了，远远超过了预期的时间，它依然没有出现，任务控制中心担心的最坏情况出现了。他们搜索了火星大气层，但一无所获：火星气候探测器踪迹全无。

图 8-1　可怜的火星气候探测器。如果杰斐逊当年提出的 10 进制计量法被成功推广，这艘飞行器或许已经完成了它的火星之旅

他们后来才知道飞行器飞得太低了，进入了错误的轨道。它没能绕火星进行常规飞行，而是以致命的角度接近火星并在大气中被摧毁。事情过去很长时间才弄清任务为何失败：原因竟是某个方程式的单位未能从公制转换为英制。就这样，价值 3 亿美元的飞行器被送上了一条毁灭性的轨道。事实上，在发射之前，这个火星气候探测器失败的命运就已经注定。

这次失败有很多原因。火星气候探测器是美国国家航空航天局"更快、

---

① 1 英里 =1609.344 米。

更好、更便宜"计划的一部分,旨在以创造自由度的名义取消流程来加速创新。但它同时也增加了风险——这是创新管理者的常见困境(双向减速)。失败链中的一个环节是公制本身:为什么世界,尤其是美国,仍然使用两种不同的计量系统?

公制系统已经使用了200多年。地球上193个国家中有190个国家使用公制。与英制相比,公制具有许多优势(稍后解释)。[1] 汽水罐,如可口可乐或百事可乐,同时使用英制和公制(12盎司/354毫升),展示出一种奇怪的象征性妥协,而忽略了单一使用公制的好主意。即使是英制(英尺17[2]/加仑18[3]/英里)系统的发源地英国,几十年前也开始转向使用公制了。

公制的美国故事始于托马斯·杰斐逊,他提出的创新未能得到采用。在担任国务卿期间,杰斐逊近乎天真地向美国政府提议将英制系统换掉。[4] 这套系统来自巴比伦、罗马和撒克逊皇室的乱糟糟的临时度量衡,与其称之为系统,不如说它是一堆流传下来的规则,虽然并不成熟但也不妨碍人们盲从(参见前文"继承与传统"小节)。例如,"码"由国王佩戴的腰带的长度确定(如果这些国王当时没有那么肥胖,现谁能知道我们的橄榄球场是什么尺寸)。历代英国君主都认可这一制度,英制系统无疑被美洲殖民地采用了。杰斐逊很睿智,思想也很开放,他知道设计一个更好的度量衡系统并不难,而且对建国不久的美国而言价值巨大。于是,他着手工作,

---

[1] 正如你所料,关于英制和公制的相对优点以及美国由英制转换成公制的成本争论没有止境。有关国际上使用公制的详细信息,见 http://lamar.colostate.edu/~hillger/;有关正反两面的争论,参见:http://www.metric4us.com/ 和 http://ts.nist.gov/WeightsAndMeasures/Metric/mpo_home.cfm。

[2] 1英尺=0.3048米。

[3] 英制体积单位,1加仑=4.546升。而美制1加仑约合3.786升。

[4] 杰斐逊的简洁提案见 http://avalon.law.yale.edu/18th_century/jeffplan.asp。

很快就制定出了一个方案，其设计类似多年后法国所称的公制系统。

他把英尺分成10个单位，叫作线；把线分成10个单位，叫作点。使用十位、十进制数学，对他来说，这是一种非常简单的单位转换方法。他对更大的度量标准做了类似的十进制调整——调整英尺、码[①]和英里的大小以适应10进制——并在1789年向国会提交了这个方案。一切都那么完美。他可能想象过将时间单位和爱的表达都改成十进制。年轻的杰斐逊心中一定充满了很高的期待。

提案落地时发出了"砰"的一声（大约是每立方厘米4.5千克的力）。与其说是国会拒绝了他的方案，不如说是这个方案被饿死了：这个创意一直被无视（在之前的列表中，见上文列出的"政治：谁是受益者？""经济账""短期考量与放眼长远"）。时间就这样过去了。在大西洋彼岸，公制于18世纪90年代在法国得到批准，并在几十年的时间里发展成为欧洲的主导系统（尽管这是一个缓慢、困难重重的过程）。[②]公制有机会成为主导与公制得到批准前结束的法国大革命有关。一般规律是，大型创新，如政治革命，会带来许多较小的改变，或好或坏。公制在法国搭上了政治创新的浪潮，就像QWERTY键盘搭上了打字机的技术创新浪潮一样。

1866年，公制的兴起迫使美国做出回应，尽管美国早在75年前就收到同样理念的提案。国会采取了措施，但远非决断举措。他们起草了一项法案，声明公制是合法的——虽然不强制使用也不鼓励使用，但使用公制是合法的——是否使用自己决定。有了这样的背书，公制单位怎么还会输呢？[③] 因为这就像父母告诉孩子，允许他们一天打扫三次房间。很少有美

[①] 1码=0.9144米。

[②] ttp://www.sciencemadesimple.com/metric_system.html#History。

[③] http://lamar.colostate.edu/~hillger/laws/metric-act.html。

国人为之所动，英制因此保留了下来。个人企业主几乎没有什么动力去将英制转换成公制，不管杰斐逊——或者任何在测量方面比较客观的人士——认为公制系统有多好。为了推广计量标准，美国又做了几次缺乏力度的尝试，包括要求食品使用公制和英制双重标签（就像汽水罐上的标签），但直到今天，美国也没有继续推进公制。

一些人认为，像美国实行公制这样的情况需要强力推进：实现飞跃的唯一途径就是强制执行。让我们设想一个情境：你有证据表明，用不同的设计来取代 QWERTY 键盘将创造世界和平或保证人类的生存。需要做什么才能在全世界范围内取代 QWERTY 键盘呢？在一个大国范围内呢？用不到 6 个月时间全部替代呢？这样的任务肯定困难重重，因为改变的成本是天文数字。除非像 QWERTY 键盘被采用时那样，取代 QWERTY 键盘能搭上一股更大的革新浪潮（或者像科幻电影中流行的那样，完全淘汰键盘），否则很难取得任何进展。

一些创新——如汽车安全系统或环境安全的住宅建筑（如不含石棉）——之所以能成功，只是因为政府提供激励或惩罚作为刺激机制（在某些情况下，宣布主导性设计违法）。在社会的集体利益大于个人的感知利益的情况下，进步还能如何发生？（例如，强制性小学教育对社会是有益的，但却不受孩子们欢迎）。然而，一些人认为，强制推行创新有违自由市场的本质，而且往往适得其反。事实并没有这么简单：强制推行创新有时是有效的，有时是无效的。所有案例中得出的最好教训是，成功更大程度上是由前面列出的因素决定的，而不是由谁在推动创新或者推动创新的力度决定的。与文化、主导性设计和政治力量相比，拥有 5000 万美元的市场营销资金并不算什么。

英制系统的例子完全体现了上述因素：英制系统是主导性设计；虽然

公制系统有优势，但没有人能说服美国的政客或民众，为什么做出这些改变付出的成本是值得的。从政治角度考虑，商人或政客做出这种转变会为他们带来什么利益？杰斐逊离任后，谁会愿意带头支持他的提案呢？在1866年的公制法案颁布后，少数受益的人摆脱了束缚，但那些持观望态度的人从未得到转成公制的激励。

择善而用之悖论

> 至善者，善之敌。
>
> ——伏尔泰

还有一个极好的例子可以解释想法的好坏与其成功之间的微妙关系，那就是支撑万维网的技术。蒂姆·伯纳斯·李发明网络时，并没有考虑技术发展的未来。他选择了一种叫作HTML的工具来制作网站，而这只是反映了他对未来文档样子的简单想象。他没有想到网络能发展成网络经济，出现网络书店和网上银行，也没有想到巨大的人际沟通和专业网站会成为人们交流信息的主要方式。相反，他想到的是科学研究论文，即以文本为主的单向交流，因为这才是他供职的机构所关心的。

他对简洁的热爱近乎狂热，以至于最初淡化了图像和媒体的作用，而是关注文本。出于此目的，HTML是轻量级的，简单易学。为什么要使用其他编程语言的不必要功能来拖累HTML呢？他明确想要比复杂的软件编程工具简单些的工具，这样人们就可以轻松制作网页。1991年，第一台网络服务器诞生并开始运行，伯纳斯·李的同事很快就创建了他们自己的网站和网页。[1]

---

[1] http://www.w3.org/People/Berners-Lee/ShortHistory.html 和 http://www.w3.org/History/1989/proposal.html。

1993 年，美国只有 130 家网站，但在 6 个月内，这个数字翻了两番。到 1995 年，网站数量已经超过 23000 个；这个数字将继续以每年翻一番的速度增长。① 任何人想要参与制作网站只需最简单的文字处理器，所以世人确实参与进来了，这让伯纳斯·李和整个世界深感惊讶。

当时，许多计算机科学专家都在哀叹支撑万维网的技术是多么缓慢、不安全、不成熟。时至今日，仍有许多人这样认为。他们觉得他们懂的更多，如果他们能回到过去，告诉伯纳斯·李或者第一个商业网页浏览器网景的制造者怎么去做，所有这些问题都将迎刃而解（当然就根本不会出现闪动字符）。② 这种感觉的谬误在于，如果他们如愿以偿，他们最终开发出的会是一个完全不同的、可能不那么成功的万维网。尽管万维网正在努力改进隐私、安全性和其他一些问题，但如果这些问题在 1993 年就已经改进到位，它们可能会提高进入互联网的门槛，减缓或阻止我们今天所见的互联网的成长。

促进创新扩散的因素中，从第 4 章中列出的个人因素到之前列出的更宽泛的因素，最主要的是使用的方便性。互联网和手机的使用比以前的技术应用普及快，并不是因为如今社会节奏更快（也不是因为这些技术与以前的技术相比有更大的飞跃），只是因为互联网和手机进入千家万户的门槛很低。人们已经拥有了个人电脑和电话线，使得互联网的使用既便宜又便捷（经济层面）。对于移动电话而言，人们过去每天都在使用个人电话和无绳电话，所以频繁使用移动电话是社会认可的行为（文化层面）。如果你仔细想想，手机不就是一个不受距离限制的无绳电话吗？（嗯，有时这样）互联网和万维网尽管很神奇，但它们只不过是已经在使用的个人电

---

① http://www.mit.edu/people/mkgray/growth/。

② 就连闪动字符的发明者也后悔发明了它。参见：http://en.wikipedia.org/wiki/Blink_element。

脑和调制解调器的延伸。况且，美国在线已经训练了数百万人使用电子邮件，文字处理器也是这些电脑上流行的应用程序。

如果为了好玩，我们将善（从专家的角度来看）与驱动采用的因素分开（见图8-2），那么择善而用之悖论就会显现。从专家的角度来看善，与伯纳斯·李的网络相比，在出版和网络方面存在更好的技术，比如泰德·尼尔森和道格·恩格尔巴特几十年来一直在谈论和演示这邪恶技术。但是那些"更好"的创意要求高，1991年时如被采用会存在不少障碍。即便在最好的情况下，也会导致制造成本增加、设计时间延长。我们无法知道这些额外的障碍是否会阻止网络走向成功，还是仅仅改变了它的崛起。也有可能其他网络设计具有伯纳斯·李的网络所不具备的优势，那样会对易用性产生积极影响。

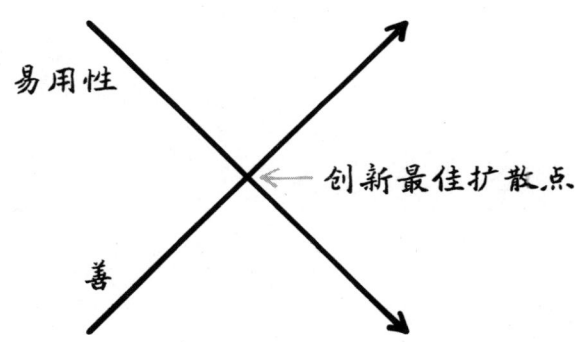

图 8-2　专家描述的善的概念往往与易用性冲突

这表明，鉴于创新的所有次要因素叠加在一起造成了不确定性，最成功的创新不是最有价值的想法或最佳创意，而是那些位于最佳扩散点的创新：在专家看来具备善的特质，而普通大众又觉得其不失易用性。善的理想主义和"善者胜"的理念与人们愿意尝试新事物的限度和非理性行为之间存在很大张力。这就是为什么初创者虽然信心十足，却遭遇产品市场失利：在公众看来，他们是被愿意做出妥协的后起之秀打败了。

第 9 章

问题与方法

艾萨克·牛顿独自住在离伦敦几英里远的一座木屋中，在烛光下夜以继日地工作。成堆的纸张、日记和实验笔记散落在他的小庄园里。除解释万有引力、发明微积分和革新科学外，他真正的激情是把铅变成金子，这促使他在电气时代之前秉烛工作，通宵达旦。[①] 这种在18世纪寻找哲人石的方法（将一种元素变成另一种元素），吸引了包括培根、波义耳、洛克和莱布尼茨在内的许多伟大的思想家，被认为是那个时代最大的技术挑战。我们只能猜测，这些最具智慧的头脑总共花了多长时间去追求不可能完成的梦想。尽管牛顿是个天才，但他的这种追求无异于用头撞墙（也许是为被苹果砸到做准备），因为根据我们今天所知道的物理定律，他追求哲人石的所有付出无疑是白白浪费时间（见图9-1）。[②]

图9-1 威廉·布莱克画的这幅关于牛顿的画，显示了牛顿是一个迷失的英雄。布莱克认为，牛顿试图通过科学和炼金术来解决所有问题的尝试是误入歧途

① http://www.pbs.org/wgbh/nova/newton/alch-newman.html。
② 不能仅根据今天的物理定律表明牛顿是错的，就意味着他确实是错的。我们对能量、物质或粒子物理学理解的突破可能会揭示牛顿追求的哲人石也许具有可能性。

有人说，所有的创新都是信仰的飞跃，但明智的人（至少是那些还在支付抵押贷款的人）想知道：你能知道你在追求的是圣杯、贤人石或永动机这类可望而不可即的东西吗？在企业家和发明家把自己的生命押在一个想法上之前，他们希望想法是可以实现的；如果有实现的可能，他们是否拥有实现这一想法所需的天赋和激情。如果历史上最伟大的思想家之一牛顿都在创新者的死胡同里徘徊多年，怎么能期望仅仅是头脑聪明的人去分清哪些想法有实现的可能，哪些想法没有实现的可能呢？找到答案的唯一希望就是超越这个认识误区，因为解决问题远不如发现问题重要。

牛顿的错误在于他选择了错误的问题，而不是用来解决问题的方法。发现问题是确定何为挑战的技艺（发现问题是解决问题的"表兄弟"，羞怯但充满自信），明确了挑战是什么，问题解决起来就会更容易。牛顿的选择在其研究开始之前就已走上失败的道路。许多聪明的准创新者也犯了类似的错误：他们在尝试解决问题之前没有花足够的时间去研究和理解问题。

问题就像邀请函

"问题"这个词通常意味着出现了糟糕的状况，比如"休斯敦中心，我们遇到问题了"或"我觉得你们的金枪鱼沙拉有问题"，但成功的创新往往需要更多地关注问题，而不是解决方案。爱因斯坦曾经说过："如果给我 20 天的时间来解决一个问题，我会用 19 天的时间来明确问题。"这是宝贵的见解，只不过其光辉被第 20 天取得的辉煌成就遮蔽了。这一点有悖直觉，因为从表面看，理解问题不用费这么大周折。例如，如果鲍勃的裤子上沾满了燃烧的凝固汽油，而简正被狂暴的僵尸罗特韦尔犬追赶，他们真的需要坐下来想清楚再采取行动吗？在日常生活中，问题是我们想要迅速处理掉的东西。例如，我们知道鲍勃应该脱下他着火的裤子，扔向罗特韦尔犬，迅速将简带离危险。虽然鲍勃没了裤子，但英雄之举赋予了他魅力，开启了与简共度下午的浪漫。

但创新者选择的挑战没有已知的解决方案，或者被认为根本就不重要。没有人要求伽利略解释太阳系，没有人要求恩格尔巴特发明鼠标，也没有人要求贝尔发明电话。他们发现了世界上未被发现的问题，并致力于明确和解决这些问题。爱因斯坦在还是默默无闻的专利办事员时提出狭义相对论，但其动机并不是因为他女朋友认为那样做很酷；他的老板也没有威胁说如果他得不到诺贝尔奖就解雇他。好奇心驱动他按照自己的逻辑，问别人不愿意问的问题；找不出现成的答案，他就着手寻找自己的答案。

发现问题其实和找到解决方案一样需要创造力。看待任何问题都有多种视角，而意识到问题的存在往往是找到创造性解决方案的第一步。约翰·杜威说过，明晰了问题也就部分解决了问题。① 如果你的特定创新需要其他人的支持，问题明晰化有助于从无到有建立起团队，大家拧成一股绳。作家约翰·希利·布朗曾经说过："当我们浸入追根溯源的氛围，注重倾听问题能将多个学科和多种技艺结合在一起时问题将我们凝聚在一起。"②

重塑问题有助于解决问题

创造性地描述挑战的一种方法是将其与另一种已经克服的挑战进行比

---

① 也就是说："问题表述明确了，就解决了一半问题。"约翰·杜威是20世纪初美国哲学家和教育改革家。也许这句引言的真正出处来自发明家查尔斯·凯特琳。

② 摘自马克·斯特菲克和芭芭拉·斯特菲克在《突破：激进创新的故事和策略》中的采访，于2006年在麻省理工出版社出版。

较。斯科特·库克是财捷集团（Quicken 和 QuickBooks 软件的制造商）的创始人，他认为要解决的问题不是制作出好的会计软件，而完全是行业之外的事情："最大的竞争对手……不在软件行业。劲敌是铅笔。铅笔是一种顽强的、韧性十足的替代品，然而，整个行业都忽视了这一点。"[①] 他创造性地"嫁接"了问题，并改变了团队的视角，以找到比铅笔和纸更好的解决方案。即使他的竞争对手有更多有才华的问题解决者、工程师或设计师，也不能阻止他对问题的创造性重塑给他的优势。任何人都可以使用库克的基本重塑策略，通过选择一个强有力的参考（铅笔），并围绕它制定挑战（销售软件），他在写代码之前就赢得了机会。

这种重塑模式在创新史上屡见不鲜，但它往往隐藏在辉煌和突破性解决方案的故事背后。作为一个测试，回溯任何成功的创新轨迹，只要回溯得足够远，你很有可能会发现创新轨迹背后的创造性重塑问题。虽然爱迪生被认为发明了灯泡，但他入行比较晚：在他之前，已经有几十个发明家开始研发灯泡了，而且取得了不错的进展。他的成功来自用不同的方式定义挑战。他把灯泡看作一个系统，问的是此类问题，比如"电力如何入户为灯泡提供电力？""电力从何而来？"——光有灯泡是没用的，爱迪生深谙此理。

城市已经在煤气灯上投入了数百万美元，这使得转向使用任何一种新技术都要付出昂贵的代价——即便有完美的、廉价的灯泡在出售。由于一直经商的缘故，爱迪生不愿看到虽然制造出了了不起的灯泡但人们却无意购买的情形。对他来说，真正的任务并不是像我们通常了解的那样，即做一个能用的灯泡。相反，爱迪生对问题进行了重塑，打算先建立一个城市电力系统，为其灯泡得到应用做好铺垫。难怪他的发明哲学基于 1% 的灵

[①] 摘自《哈佛商业评论》，哈佛商学院出版社 2001 年版。

感和 99% 的汗水。① 他对自己要应对的问题充满信心，知道成功只是时间问题。爱迪生回避了像寻找哲人石这样的挑战，也回避了当今物理学（缺乏）大统一理论的挑战，因为他知道，创新的因素尚有欠缺，因而成功尚不可能。

个人数字助理的崛起也是一个问题重塑的优秀案例。几十年来，人们一直在谈论研发一款能够管理日历、联系人和个人信息的手持设备。20世纪80年代和90年代初，惠普、西门子、夏普和苹果在新产品研发上投入了数百万美元，但都以失败告终。似乎研发成功个人数字助理就像牛顿寻找哲人石一样，成了不可能完成的任务。直到1996年掌上领航员上市，才成功克服了将竞争对手难倒的各种挑战。掌上领航员成了价值10亿美元的产业，持续影响着电脑和手机的设计。

掌上领航员成功的关键因素是，他们对挑战的定义与竞争对手不同。他们关注的是客户的需求，而不是工程上的限制或革新计算机的崇高梦想。掌上领航员的创始人杰夫·霍金斯解释道："既然自己的团队和其竞争对手一样了解消费者对之前个人数字助理的反馈，为什么不从客户的明确需要出发进行研发呢？何必执着于公司能够产出什么。"

霍金斯在家思考了一个晚上，在记事本上迅速列出掌上领航员项目的以下目标清单：②

- 能放入衬衫口袋。
- 与个人电脑无缝同步。

---

① 特斯拉是爱迪生的竞争对手，许多人认为他比爱迪生更优秀。对于爱迪生的发明观，他这样评论："如果爱迪生需要在草堆里找根针，他会立即像勤劳的蜜蜂一样开始检查每一根稻草，直到把针找到为止。很遗憾，我就见证过他这样劳作过……懂点理论就可以节省他90%的劳力。"——摘自《我们聪明才智的动力》。

② 安德里亚·巴特，大卫·波格.掌舵掌机：掌上领航员和掌上春天的内幕故事以及十亿级掌上行业的诞生.霍博肯：威利出版社，2002：73。

- 运行速度快，易于使用。
- 售价在299美元以内。

在1994年，无论有何雄心壮志，这些目标都是难以企及的，或者干脆说是不可能实现的。如果你把这些目标拿给当时的任何一家个人数字助理公司看，都会被告知没其他事就赶快回家吧。但霍金斯意识到，解决这些问题才是成功的唯一途径。手写识别、彩色显示器或花哨的键盘都是不错的想法，但它们并不是必不可少的。如果掌上领航员能够成功应对清单上的4个挑战，霍金斯坚信它有很高的成功概率。

仔细看看上述4个目标，每个目标都蕴含着巨大的力量。注意，目标不是要把产品做小，或者便携方便，而是要小到可以放进衬衫口袋里。这是一个很有见地的标准，因为衬衫口袋的大小是经过时间考验的，适宜存放各种物品（打火机、香烟包装、名片，以及与掌上领航员最相关的计算器），通过这种方式来重塑挑战，他们解决问题的重心转向能够获得回报的方式上。霍金斯在笔记本上记下这些清单时，他也不知道能否实现这些目标，但花时间去重塑这些挑战是值得的。但令人遗憾的是，尽管掌上领航员最初几年取得了巨大成功，但竞争对手惠普公司最终还是在2010年5月以12亿美元的价格收购了陷入困境的奔迈公司。

其他著名的创新项目也基于类似的界定或者目标。加里·S.林恩所著的《惊世之作》[1]一书对其中的许多策略以及它们的由来进行了分析（见表9-1）。最有趣的是，这些目标看起来非常简单，因为它们清楚地列出要解决的问题，所以，它们比复杂的目标更有力。这些简单的描述让人过目难忘，所以在创意形成过程中可以用来对创意进行检验。

---

[1] 加里·S. 林恩. 惊世之作. 纽约：哈珀·柯林斯出版社，2003.

表 9-1 著名项目及其目标（前 3 个项目引自林恩）

项目	问题界定/目标
苹果IIe	减少成本 简化制作 现代化 与苹果II外形近似
最初的IBM个人电脑	打败苹果 一年内完成
掌上领航员	能放入衬衫口袋 与个人电脑无缝同步 运行速度快，易于使用 售价在299美元以内
37signals* 公司的Backpack	生活日常可在网上"一站式"解决 Basecamp要成为非必要功能"大杀器" 网页上要有简单的工具 提醒人们远离电脑

注：Backpack是一个创新的基于网络的组织工具。使用Backpack的列表获得了网站http://www.37signals.com创作者的许可。

＊37signals 是一个看似奇怪的公司名称，其产品崇尚简单、直接，截至2022年已经运营了23年。Backpack 以及 Basecamp 都是其开发的基于网络的应用工具。2014年该公司易名为"Basecamp"以反映其产品侧重。——译者注

掌上领航员的成功很大程度上归结于这款产品自我设定的限定性特质——简洁性。安德里亚·巴特和大卫·波格合著的《掌舵掌机：掌上领航员和掌上春天的内幕故事以及十亿掌上行业的诞生》描述了掌上领航员的研发史，他们在该书中写道，这些标准让决策者得以保持产品的易用性。

霍金斯主持了这些会议，他坚持将他认为不重要的功能排除在产品之外。如果这台新机器出了故障，那也不能像之前的机器一样，因为添加了一些不必要的功能……很快，这个团队就成了删除功能的专家。①

团队专注于核心限定性目标的能力是成功创新所必需的元素，也成就了掌上领航员的伟大。

通过选择强有力的目标来重塑问题并不是什么新鲜事：《十诫》《美国权利法案》，甚至是优秀游戏的规则里面都有类似案例。如果詹姆斯·奈史密斯把篮筐的高度设为25英尺而不是10英尺，迈克尔·乔丹就永远无法飞身扣篮。如果棒球的发明者认为击中围栏的球应被视为出界，觉得这样判定也许最合乎逻辑，那么汉克·阿伦就不会打出755个本垒打。就像那些最聪明的设计师、程序员或业务分析师的创造性才能一样，选对问题来解决并认真明晰其实质，能为他们施展创造性才能创造一个良好的环境。设立良好的限定性条件让人误以为很简单，而且，找出问题也没有解决问题那样出彩。然而，许多成功的创新都是基于明智的限定性条件，这足以说明花费时间设定高质量的限定性条件是值得的。

使用原型来探索问题

如果明天上班时你发现公司里最聪明的人端坐在办公桌前打字，电脑、显示器和鼠标清一色都是木制的，没有任何电子元件或任何工作部件——你会做何感想？掌上领航员的开发过程中，霍金斯就设计了一个木制模型。

---

① 安德里亚·巴特，大卫·波格.掌舵掌机：掌上领航员和掌上春天的内幕故事以及十亿级掌上行业的诞生.霍博肯：威利出版社，2002：81。

早些时候，在用艰巨目标重塑挑战后，他去了自己车库里的小工作间，花了几个小时又锯又凿。尽管这并不容易，但由于设定了限定性条件，有些决定做起来就很简单了：只有少数几种方法可以设计出符合标准的设备。例如，要装进衬衫口袋，该设备只能使用 AAA 电池（7 号电池），其他型号均不适用。因此，他的模型就按使用 AAA 电池设计。类似的考虑也决定了屏幕的大小以及舍弃键盘（霍金斯还砍了一根筷子，作为临时的手写笔）。忙了几个小时，他就做出了掌上领航员的原型，第二天就带去了办公室。

他每次开会都带着它，当作成品一样装模作样地使用。他在上面"写"字，小心翼翼地把它从口袋里拿出来放好，这让他团队里的工程师和营销人员感到沮丧。这些人一定在想，为什么研发一个尖端技术项目，他们的带头人会随身携带一个雕琢粗陋、没有电路板的木制模型，何况这个尖端项目还压根没有设计出来呢。

对于霍金斯而言，这个木制模型的价值显而易见：除此之外，他还能拿什么去探索呢？他不确定"适合放进衬衫口袋的设计"是否确切抓住了外形因素。也许它的形状应该像香蕉或者魔方。或者可能还有另外一个标准，而这个标准他们甚至从来没有设想过，而这些只能通过使用模型来发现——对于霍金斯而言，别无他法。用他自己的话说："创新的关键在于设想新产品或新服务。在设计和建造之前，你必须使用它、体验它。"在处理复杂问题和许多未知因素时，只有找到聪明的办法来测试设计，检验其是否足以应对挑战，方能成就创新。

任何研究过创造性领域的人，无论是绘画、工程、音乐、写作，还是电影制作，都知道模型验证法一点都不新鲜。毕加索在完成他的杰作《亚维农少女》之前，花了几个小时绘制草图。（他说："为一个物体建模就是将其据为己有。"）莱特兄弟在美国建造了第一个风洞，这样他们就可以更多地了解他们制造的飞机原型。在创新方面，别无选择。问题太过宏大，无法用任何传统的方法予以解决。

机缘巧合之真相

珀西·斯宾塞博士在摆弄雷达设备时，发现衬衫口袋里有一块糖果融化了，他完全可以将糖果一扔了之。世界各地雷达实验室里的人都可能有类似经历，如在口袋里发现了巧克力或者其他什么食物融化了，除了收拾完残局继续埋头工作之外，其他什么事也没做。

鉴于大多数聪明人大脑中理性的、合乎逻辑的部分会告诉他们采取类似行动（清除掉令人不快的甜块儿，并尽快忘掉这恼人的事儿），斯宾塞这个大智之人却没按套路出牌，令人感到特别奇怪。要知道，他实际上在口袋里发现了有一点儿融化的可可豆，然后决定用这一天剩下的时间来玩这暖呼呼的垃圾，全然不顾是在实验室里，他的周围是价值数百万美元的超酷的绝密防御设备。

想象一下斯宾塞在那个神奇时刻的样子：一个人在实验室里，昂贵设备上的光亮在四处闪烁，他的眼睛盯着两个沾满巧克力的手指，衣服和实验服上沾满了巧克力的污渍，绝对该洗洗了。如果在那一刻你从他身边走过，肯定会认为他疯了：完全是一个手上沾了巧克力的呆子。但是，尽管他当时并没有意识到，这次与机遇的碰面将他带上微波炉的发明之路（那一刻他的好奇心已经大大超过了他的理智所能控制的范围）。出于对热量来源的好奇，他在最近的雷达管旁放了一些玉米粒，之后又放了一个鸡蛋。玉米粒爆了，鸡蛋也炸开了。很快，更多的实验验证了这一现象。在接下来的10年里，他把这次偶然发现开发成了世界上最常用的电器之一。

微波炉、伟哥、易拉罐、创可贴、尼龙和 X 光，就像传说中所讲的那样，都是偶然发现的。记者和教师都喜欢机缘巧合的故事在创新史上起到的巨大作用，那其实不过是顿悟神话的另一个例子而已（见第 1 章）。这类形式的神话想要传达的是：创新是随机的，只要人们运气足够好，在正确的时间出现在正确的地点就能获得回报。这些神话所隐含的双重信息是：好事情可能发生在任何人身上；我们每个人天生都有均等的能力让好运来敲门。但这种说法颇具欺骗性：虽然机缘巧合在创新中扮演着领衔角色，但重要的是人们对这种偶遇做出的反应，而不是偶然发现本身。

在我们的日常生活中，当我们目睹无法解释的事情时，我们就会感觉很神奇，出于条件反射会忽略这个神奇的时刻或者胡乱解释一通了事，然后继续该干什么干什么，假装什么都没看到；或者，转而思考我们认为我们所看到的东西。然而，对于创新者来说，这些时刻就是未来敲门的时刻。如果新知识不是奇怪的、怪诞的或不可理解的经历，那么它们还会以什么形式呈现呢（见第 6 章）？创新者的反应必须是追逐这些时刻，直到好奇心耗尽或找到新的解决方案，无论哪一个先出现。但对我们大多数人来说，无论这个时刻有多特别，我们也会回到舒适的幻觉中，以为我们已经知道了所有需要知道的一切。我们忘记了，我们今天秉承的常识，是多年或几个世纪以前，由某个创新者发现的，而这个创新者却愿意忍受不舒适，拒绝接受他所处时代的常识。

第10章

创新向善

问题产生的首要原因来自解决方案。

——埃里克·塞瓦雷德[①]

1903年,两个没有受过任何工程训练或大学教育的疯狂的年轻人,制造了一台全世界都告诉他们无法制造的机器。在距离北卡罗来纳州小鹰城几英里远的屠魔岭,冒着每小时30英里的寒风,莱特兄弟进行了第一次由人控制的持续动力飞行(见图10-1)。奥维尔在抛硬币中猜赢了,他首先进行试飞,兄弟俩轮流飞了四次才结束了一天的飞行。尽管他们的成就令人惊叹,却很少有人注意到,他们的主要观众是附近村子里的五个男孩。只有两家小报社派出记者对其进行报道,但他们把这一事件视为特技表演,而非技术突破。莱特兄弟的飞机降落在一个对其不太感兴趣的星球上,这令人难以置信。之后,世界又等了30年,商业航空业这场大戏才拉开序幕。

图10-1 莱特兄弟早期研制的滑翔机在著名的屠魔岭试飞

---

① http://www.museum.tv/archives/etv/S/htmlS/sevareideri/sevareideri.htm。

但最让人好奇的不是世人对动力飞行的开发缺乏兴趣，而是莱特兄弟如何向潜在投资者推销他们的想法。他们谈论的不是数十亿美元的产业，不是全球旅行的革命性变革，也不是联通世界各地的人们。相反，他们的宣传，集中在文明史上最雄心勃勃的想法上：结束战争。① 他们想象，他们的小型飞机在正义一方手中，可以被用来从远处观察敌人的行动，从而打破敌人的突然袭击计划，避免暴力冲突。② 莱特兄弟花了六年时间向美国、法国、德国和英国的政府推销他们的创意产品，终于在1909年在美国出售了一架飞机。

尽管飞机给人类文明带来了奇迹，给旅行、商业和通信带来了革命性的变化，但悲催的是，奥维尔·莱特经历了两次世界大战，不是一次，而飞机在两次世界大战中都起了重要的战略作用。第二次世界大战中，德国发起了闪电战，美国轰炸了德累斯顿（成千上万的平民被炸死），以及历史上唯一一次战时使用原子弹，所有这些可怕的事件之所以发生，都是因为莱特兄弟设计出了飞机。③ 飞机彻底改变了战争，永远地改变了世界政治的力量平衡，使之有利于那些拥有强大空军力量的国家。2001年9月11日发生在纽约的恐怖袭击再度表明，像飞机之类的创新，被用于何种目的是无法预测的。

在宗教、历史和神话中，我们把创新者视为伟大的英雄，但当他们的发明"制造事端"时，我们却很少提及他们的名字。在流行的希腊神话中，普罗米修斯因为给人类带来火而备受爱戴，但他不也应该对罗马的大火负

---

① http://www.archives.gov/publications/prologue/2003/winter/aero-conference-1.html。

② 炸药和潜艇的发明者也认同技术，特别是武器，可以结束战争。特斯拉也是基于这种理念制造了战争机器。电报、电视、互联网，甚至神经植入也同样打过可以终止战争的旗号。观察历史便可发现，导致战争产生的问题似乎与技术无关，很大程度上在于人性。

③ 爱因斯坦的方程式 $E=mc^2$ 在核武器的创造中发挥了关键作用，他为此饱受良心谴责：http://www.amnh.org/exhibitions/einstein/peace/manhattan.php。

部分责任吗？或者，举个日常生活中的例子，如果我给了你一个美味的苹果派，但吃完后你生病了，你能不抱怨吗？如果你买了一台机器，虽然节省了时间，但却弄脏了你的衣服，你做何反应？或者你喝了一杯饮料，让你的效率翻了一番，但却使你失眠了，你不发一句牢骚？这一点被大多数人忽视了，但有些神话使创新者顿生恐惧。例如，为人类带来火种的普罗米修斯被锁在一块石头上，受到永久折磨（见图10-2）。《圣经：创世纪》中试图建造巴别塔的人们受到诅咒，最终被分散在世界各地。

图10-2 鲁宾斯的名画《被缚的普罗米修斯》。在神话中，普罗米修斯被锁在一块石头上，每天都有一只鹰来吃掉他的肝脏，第二天肝脏又会再生。在大多数神话里，创新是要付出代价的。玛丽·雪莱的小说《科学怪人之再生情狂》的副标题是《现代普罗米修斯》

飞机的发明当然很成功，特别是如果你出身波音家族或者你是一名飞行员。但是，如果相反，你是一个被航空旅行的崛起毁掉的铁路大亨，或者你是五个孩子的母亲，你见证了从飞机上扔下的炸弹把你们的家园摧毁了，那当然另当别论了。我们终将明白，厘清创新的意义和影响比创新本身更为复杂。

测量创新："好"的尺度

我们都认为我们知道什么是"好"，但就像所有的定义一样，但应用到现实生活中时，它的光芒就会褪去。有些事对你来说是好事（比如，在内衣里发现1000美元或在茂宜岛的海滩上一觉醒来），但对其他人或事而言却是坏事（丢钱的人，以及被压在你身下的不幸的沙蟹）。我们随意称之为"好"的东西很少对每个人都有益，这取决于一个人的身份和立场。正如莎士比亚笔下的人物哈姆雷特所说："世上本无所谓好与坏，思想使然。"大多数词典中对"good"（好）一词列出50个义项，这反映了我们对"好"的不同看法。

创新亦然。如果一项创新能解决你的问题或让你赚钱，那就是好创新吗？答案是肯定的。但如果它也会导致人们失业呢？或者，更常见的情况是，如果人们花了几天时间学习使用某项创新，却没有得到什么好处，或者使用某项创新使他们的生活变得更加复杂了，那该怎么办？再想想塑料、打字机和电视，这些创新给世界带来许多美好。但是，那些不美好呢？你想过没有？——那些2升装的苏打水塑料瓶，它们也许永远埋在了垃圾填埋场；那些打字机，它们也许被用来打印开往奥斯威辛集中营的火车时刻表；那些电视机，数百万儿童每天都观看数小时，俨然成了孩子们的日托保姆。上述这些，还有其他类似的东西，我们能因为它们总体来说是好就称之为创新吗？再如，尽管个人电脑给世界带来了积极的革新，但每次电脑更新换代时都会留下有毒物质和化学污染。[①]

---

① http://www.greenpeace.org/international/news/green-electronics-guideewaste250806。

对创新之善的检验没有简单的答案,这就给"所有创新都是好的"这个认识误区留下了很大的生存空间,就像前面章节提到的一样。从轧棉机革命到工业革命,再到个人电脑和互联网时代,创新作为我们文化、经济和心理的动力如此之久,以至于我们把创新当成一种宗教信仰:凡有疑问,必去创新,尽管关于过去创新的未解谜团越滚越大。

但至少有一个事实非常清晰:不管创新者的意图如何,所有的创新都会产生好的和坏的影响。[①] 如果我们接受这一观点,并承认当涉及"善"时,观点决定一切,我们就可以重塑对创新的认识。

创新可以:

- 有益于己。创新能让你赚钱,享受过程,或者解决了你感兴趣的问题。
- 有益于他人。创新能带来收入以帮助家人和朋友;为穷人、病人或有需要的人解决问题;通过创新或由此产生的利润,改善他人的生活。
- 有益于行业或经济。创新使众多商家受益,并为至少一个行业或经济的某个领域创造新的机会。创新带来的破坏性消弭在创新带来的机遇浪潮中。
- 有益于社会。创新对社区、城市、州或国家都能产生正面影响。虽然创新可能会有一些负面的用途,但其净效应是绝对积极的。创新为了持续价值而非短期价值而设计。创新者知道创新可能对哪个群体不利,并尽力减少这些负面影响。

---

① 当然,有些创造者可以以这样或那样的方式操纵他们的发明。如果一个发明者发明了一种能治愈愚蠢或把混蛋变成圣人的药物,人们怎么可能去批评他呢。有些发明家对于其发明并没有明确定位,但对于奥秀厨房工具或假肢设计师来说,在设计产品以及期望产品解决什么问题方面肯定考虑了"善"的因素。

- 有益于世界。创新对人类的未来产生正面影响。
- 带来恒益。创新不会为了短期利益牺牲长期利益，不是为了造福一代人，而是为了使人类永世受益。

我们也可以问这样一对孪生问题：

- 这项创新解决了什么问题？解决了谁的问题？
- 这项创新会带来什么问题？给谁带来了问题？

上述对创新的阐述显示，许多著名的创新者最多只能声称他们创造了对自己或公司有益的东西，但对其他人却没有多少价值（大规模的首次公开募股或出售创意获利数百万美元这样的事情用"好"的标准衡量是值得商榷的）。许多受欢迎的发明，如灯泡、汽车和电脑，无疑是对个人和行业都有好处，但它们的贡献因其对环境造成的负面影响而大打折扣。这样理解问题很快使问题复杂化了，但从不同的角度对创新的价值进行重塑，使理解创新成为可能。脱掉"好"的外衣，其偏见或自我利益的义项便展现于世人面前。

创新的不可预测性

滴滴涕

对于创新之善的挑战有个故事可以起到解释作用，故事的主角儿有某种化学物质的混合物、一位瑞士科学家，以及大量携带疾病的昆虫——蚊子。1948 年，保罗·穆勒发现二氯二苯三氯乙烷（俗称滴滴涕）能杀蚊，这让世界各地的蚊子深感绝望。这种化学物质是历史上第一种真正的杀虫剂,在第二次世界大战期间,被大量使用在控制斑疹伤寒和疟疾的传播上。由于它的奇效,1955年,世界卫生组织自豪地宣称,有了滴滴涕这个武器,疟疾从此从地球上消失了。滴滴涕在土壤中的效力可以持续数年,在水中的效力可以持续数周,因此,人们相信这种奇效可以永久消灭传染病肆虐地区携带病菌的蚊子。

但世界卫生组织很快就在使用滴滴涕的地方观察到一些奇怪的事情。科学家意识到,这种新的化学物质具有意想不到的、复杂的连带效应。具体情况是这样的:

> 滴滴涕灭蚊非常有效,然而,对滴滴涕不太敏感的蟑螂虽然吸收了毒素但却存活了下来。小蜥蜴美美地吃了蟑螂,但蟑螂身体里的滴滴涕毒素对这些蜥蜴造成了神经损伤(这给鳏居的蜥蜴带来了苦乐参半的喜悦),使它们变得动作迟缓,处于近乎醉酒的昏迷状态,很容易被当地的猫群大量捕食。猫比蜥蜴对滴滴涕更敏感,因此,成千上万只猫被毒死,使得老鼠数量呈爆炸式增长。这个糟心的故事最让人心惊之处在于,老鼠给人类带来了鼠疫的威胁。[①]

尽管世界上的技术领袖满怀信心地去根除蚊子,但他们的灭蚊行动所引发的一系列事件令他们自己目瞪口呆。起初,世界卫生组织和许多科学家不愿相信滴滴涕是导致一系列连锁反应的罪魁祸首。对于20世纪50年

[①] 这个解释是几个不同说法的精心组合版本。有许多间接报告也提供了类似的、在某些情况下更富戏剧性的叙述,可参见爱荷华大学环境健康教授帕特里克·奥肖内西在网站 http://catdrop.com/ 上编纂的故事。世界卫生组织本身并不完全确定发生了什么或没有发生什么,如其工作人员在2005年4月的通信中所述: http://www.who.int/formerstaff/publications/qn60.pdf。

代最优秀的科学家而言，一种小小的化学物质能造成如此之大的破坏是难以想象的。由于滴滴涕是一种全新的化学物质，历史上并没有大量使用滴滴涕的记录，所有人都没想到会有如此不堪的事情发生。就像过去几十年的主要创新一样（如手机、无线互联网、个人电脑），滴滴涕对事物运行方式的改变如此之大，以至于在被使用之前，人们无法预测它会产生什么影响，无论是正面的还是负面的（见图10-3）。

图10-3　滴滴涕和飞机是一对完美组合。在这里，滴滴涕被喷在牛身上，给它们加点额外的特别味道

在滴滴涕面世之前，人们几乎没有什么理由害怕任何种类的杀虫剂或化学物质。直到蕾切尔·卡逊所著的《寂静的春天》出版，人们才意识到滴滴涕的负面影响，现代环保运动应运而生。[1] 在此之前，公众几乎不知道化学物质向食物链上游移动的可能性，也不知道改变生态系统中的物种平衡会产生不可预测的影响。科学界不了解生态系统之间的相互联系，对

---

[1] 关于滴滴涕的真正风险，婆罗洲故事，以及对鸟类进行的滴滴涕研究是否准确，仍然存在争论。不管我们看到的有多少是事实，我一直坚持这样的观点：所有创新都会产生不可预测的影响，或好或坏。就像滴滴涕的案例一样，通常需要很长时间才能理解一项创新产生的真正影响。参加：http://reason.com/rb/rb061202.shtml。

其正在生产的新型化学物质也缺乏经验。滴滴涕最大的价值在于其持久力，但正是这种特性才产生了如此强烈的破坏作用，这样的结果几乎是无法预测的。

汽车和互联网

其他主要创新也表现出类似的扩散模式，被成功采用后产生了意想不到的后果（见表10-1）。作为20世纪早期最伟大的成就之一，汽车的出现彻底改变了社会，为世界各地的中产阶级带来了前所未有的商业、旅游和休闲机会。但与此同时，汽车也带来了许多巨大的、几乎无法避免的问题：每年全世界有上百万人死于车祸（仅在美国就有近4万人殒命）；道路建设和维护需要高昂的费用；汽车还是造成环境污染的主要原因。

表10-1 创新的两个方面

创新	好作用	坏作用
滴滴涕	控制了疟疾；改善了第三世界国家的生活条件；影响了职业摔跤运动[1]	生态受到破坏；其他物种受到连带影响；蚊子进化，对滴滴涕产生抗药性。
汽车	交通工具个人化；赋能于个体；促进了城市和商业繁荣	造成了城市里一半的污染；美国每年有4万人死于交通事故；造成交通堵塞；导致城市扩张[2]
个人电脑	赋能于个体；交流便利化；成为人们的学习工具；催生了互联网	频繁升级换代产生垃圾填埋问题；产品产生有害物质[3]

续表

创新	好作用	坏作用
手机	进行无线通信；实现移动接入；带来便利；成为便携式应急和安全系统	打扰公众；开车打电话的司机变成了非制导导弹；在餐馆之类的公众场合打电话让周围的人感到厌烦

注：1. http://en.wikipedia.org/wiki/DDT_（professional_wrestling）。[译者注：事实上，影响职业摔跤运动的DDT并非化学物质"滴滴涕"，而是这个缩略式所代表的Deep Death Taste（深度死亡体验），指锁住对手头部，落下后使对手头部撞到地面给对手造成重创的强力摔技。]

2 世界卫生组织报告.道路安全：一个公共健康问题.（2004-03）http://www.who.int/features/2004/road_safety/en/index.html。

3 http://update.unu.edu/archive/issue31_5.htm。

这是创新的一个基本悖论：任何人，即使是发明者，也不知道其发明将如何影响世界——发明的功用非经使用无法展示。福特没有想到汽车会用于送比萨；雷·克罗克没有想到麦当劳让那么多人变得肥胖；比尔·盖茨和史蒂夫·乔布斯没有想到会有软件病毒；古腾堡圣经的印制者古腾堡也没有想到他发明的印刷术用于印制《达·芬奇密码》，而且还可耻地占据《纽约时报》畅销书排行榜数月（至少对他来说觉得可耻，他毕竟是一个印刷圣经的天主教徒）。① 尽管创新者怀有一厢情愿的美好愿望，但创新仍然会产生意想不到的后果。创新任由他人使用，而每个人都有不同的需求、价值观、想法和欲望，因此，没有人知道一个人的发明会被另一个人如何使用。

发明圈中流行的一种观点是：真正突破性的想法与我们当前的想法迥异，以至于我们不知道如何使用它们。这就意味着，创新被接受后，不仅它的使用无法被预测，而且它被接受的时间和动机也同样不可预测。激光

---

① 作者此处之所以用了"可耻"一词，主要因为《达·芬奇密码》是对圣经的解构，这对作者这个印制圣经的基督教徒而言是不可接受的（译者注）。

的发明者之一戈登·古尔德说:

>真空三极管发明于1910年,但好几年之后才售出第一只商业化的真空三极管。没人知道这东西有什么用。人们只知道真空三极管提供了一种绝妙方法,可以用电子信号而不是机械开关来控制电流。和真空三极管一样,激光也是一项重要且基础性的发明。但在激光被发明出的最初5年里,有一种说法是,激光是"寻找问题的解决方案"。[①]

许多研究人员对这种不确定性感到自豪,因为这证明他们已经尽其所能站在了未知领域的最前沿,在可能取得突破的领域努力拼搏。至于他们对其发明如何使用缺乏控制或者引发的担忧却轻描淡写。发明者的向善意图不能阻止发明被恶意使用。例如,带刺铁丝网的设计毫无恶意,本来是为了控制牛群(除非你是头牛,否则感受不到任何恶意),但在第一次世界大战战中发挥了关键作用,它阻止士兵跨越战壕,导致了人类历史上最血腥的战争。[②]爱因斯坦的相对论彻底改变了我们对宇宙的认识,尽管爱因斯坦起初根本不同意将相对论应用于研究原子弹,但原子弹还是被研制出来了。每一个奇迹都有恐怖事件与之随行,没有人能确切知道追求创新会开创出怎样的未来。

20世纪90年代末,在金融领域得到广泛应用的创新——金融衍生品和债务抵押债券是2007年次贷危机的主要推手。随着这些金融产品在金融界越来越受青睐,各种规模的银行将越来越多的资产投入其中,比例之

---

① 肯尼斯·A.布朗.创新者说:十六位杰出发明家访谈录.微软出版社,1988。
② http://en.wikipedia.org/wiki/Trench_warfare。

大到了危险的边缘,大萧条以来最严重的经济衰退就这样开始了。包括沃伦·巴菲特和纳西姆·塔勒布(《黑天鹅》的作者)等金融大亨都指出了其中的风险,但许多人仍然认为这些创新与过去所有的创新都截然不同,不存在任何不利之处,因而大亨们的声音被湮没了。就连美联储主席艾伦·格林斯潘也在1997年谈到衍生品市场时说:"另一项意义深远的创新是证券化技术——一种衍生品形式……无疑提高了我们金融市场的效率。"这些新想法为更多的金融产品打开了大门,尽管专家和银行的首席执行官并不了解这些产品是如何运作的。[1] 在预测未来时,没有人能避免一厢情愿或者狂妄。公平地说,创新运动也很容易反转运行。例如,为战争而开发的技术,包括吉普汽车、医疗救护直升机、喷气式飞机和军用雨衣,在商业、大众市场和人道主义救援等方面都有重要的用途。[2] 甚至用于开发互联网的技术也起源于美国政府的国防项目,并得到了政府的资助。我们从中得到的启示是:创新力量"无视"道德或任何哲学,任何认真对待自己工作的创新者在创新进程中都必须牢记这一点。你出于良好动机所做之事可能会被用于坏的用途,而出于不良动机所做之事也可能导向好的结果。

技术加速进程,无关好坏

想象一下,有一项创新可以将你的通勤时间减半。觉得不可能? 19世纪有一项突破是快帆船。它体积更大、速度更快、操作更灵活,重塑了跨大西洋贸易,并彻底改变了多个国家的经济面貌。直到19世纪30年代,

---

[1] 格林斯潘的引语以及这段话的主旨,引自:西蒙·约翰逊,郭庚信.13个银行家:华尔街的收购和下一次金融危机.纽约:众神殿图书,2010:106.

[2] http://abcnews.go.com/GMA/Technology/story?id=1796227.

横渡大西洋需要 5 周的时间，但乘坐快帆船只需 12 天。这是一项伟大的创新，促进了许多好事加速发生，但同时也使一些坏事接踵而至。

1845 年，爱尔兰发生了"马铃薯大饥荒"，导致数十万人死亡。人们认为，摧毁爱尔兰农作物的土豆真菌来自北美。① 有一种说法是，饥荒之所以在快帆船出现之前没有发生，是因为那时横跨大西洋需要 5 周的时间，真菌在运输途中就死亡了。然而，快帆船投入运营后，12 天的行程过短，快帆船到达后，土豆真菌感染目的地只是时间问题。② 除此之外，还有政治和经济方面的其他主要原因，但如果快帆船没被发明，大饥荒也许就不会发生了。

大多数创新都有类似的故事。个人电脑可以通过编程做任何事情，但也给了制造电脑病毒以可乘之机。旨在加速信息传播的互联网，加速了这些病毒、垃圾邮件、欺诈信息和虚假信息的传播。汽车使警察得以迅速赶到犯罪现场，但也帮助小偷快速逃脱。科技浪潮的兴起就像涨潮，所有的船舶随之被抬升。

就像许多技术创新一样，即时消息和手机通话是信息传递方式的创新，但它们对信息本身的质量没有影响，就像高分辨率电视机对节目中的表演或编剧质量没有影响一样。除非他们正在开发一种创新，能改变信息的传递方式，如激励人们以更为清晰的、少些自私的方式进行交流，否则旨在加速进程的创新不太可能按其创造者所期望的方式来改变世界。如果你有很好的交流对象，有很重要的事情要谈，交流很少需要加速。事实上，如果有人愿意慢下来，思考正在阅读或者写作的东西，这时，软件就给予其

---

① 历史学家仍在梳理这个问题，但有一份报告称，受感染的土豆来自墨西哥。参见：http://www.pnas.org/cgi/content/abstract/91/24/11591。

② 埃弗雷特·M. 罗杰斯. 创新的扩散. 弗雷出版社，2003：452。

某种奖励，那将是我们这个时代最伟大的创新。

好与坏，过去与未来

在纽约，帆船是一个谜。我的心里只有高速公路、地铁和火箭。有些日子，我碰巧在长岛湾总能看到帆船，于是就想，为什么有人会选择这种慢吞吞的交通工具，饱含最新科技的快速交通方式不是更好吗？但我第一次乘帆船旅行时，我的观点改变了。站在船帆的阴影下，看着光滑的木制船首随着波浪上升，我感觉平稳的风力在推着我走。朋友们交谈着，静静地看着大海，不必为引擎的轰鸣和柴油的怪味而皱眉蹙额。船帆像两翼一样张开，我们在波浪上飞行，帆杆闪耀着工程设计之美，就像布鲁克林大桥的缆索一样，给我们带来了任何高速动力艇都无法替代的体验。

许多创新，尽管给社会带来了进步，却把美好之帆遗忘在海边。在创新竞赛中，我们本能地拒绝固守过去的人，不相信有一些永恒的美好值得保留，而那些美好在不经意间被新想法挤出脑海。试想，有什么创新可以取代妈妈的拥抱？有什么创新能取代夏天来个冰激凌？商业街能取代开阔的草地吗？或者最新的盖里办公大楼能取代克莱斯勒大厦吗？创造的激情蒙住了我们的眼睛：我们太过于专注创造，忘却了业已存在的美好。

我们嘲笑那些观念上拒绝创新的群体——勒德分子（拒绝机械化）、阿米什人（拒绝现代科技）或我们患技术恐惧症的朋友们——殊不知我们和他们一样抗拒创新，只是方式不同而已。我们在着装、演讲、饮食和工作安排上都遵循传统。我们在马路的同一边开车，穿鞋前先穿袜子，用刀叉吃饭。即使是有史以来最伟大的创新者、大革命家和激进人士，也遵循了他们那个时代的传统。没有人会一直在各个方面进行创新。事实上，历史上无论最伟大还是最糟糕的创新者，他们遵循的惯例都多于打破的惯例。

作为社会中的人，我们依靠传统来形成社区、政府和家庭，我们相信这些传统非常重要，足以让我们甘愿牺牲自己或他人的生命，以保护它们不被改变。颇具讽刺意味的是：所有的传统，甚至宗教传统，都起源于创新。过去总有那么一天，在其之前，男人们还没有穿西装，犹太人、基督教徒和穆斯林还没有神圣的经文（或者用于祈祷的教堂）。随着时间的推移，所有创新都演变成传统，创新的出现只不过是因为人们某一天愿意（或被迫）尝试新事物。创新是一个难以觉察的循环过程，我们一直生活在其中。

　　看待创新的最佳哲学是接受变化和传统，避免落入绝对的陷阱。仅仅因为新思想具有新意就全盘接受是荒谬的；同样，仅因为传统的传承就全盘接受传统的东西也是愚蠢至极的。新旧思想在未来都有各自的位置，我们的任务就是把它们带到未来，使其各就各位。

第11章

超越浮夸和历史

这本书的大部分内容是在告诉你什么不该做，什么不该想。这样做的动机并不是出于尖酸刻薄，也不是为了模仿《布偶秀》中被锁在阳台上的斯塔特勒和霍道夫这两个古怪的家伙。相反，它提供了一个真相的基线，让你从被误导的、但却被普遍接受的创新理念中解脱出来，这些理念在如今的商业和流行文化中俨然泛滥成灾。我认为你的时间非常宝贵，不想让你瞄准错误的目标。如今，关于创造力的炒作实在太多了，以至于一些简单的真相被淹没在喧嚣之中。

　　到目前为止，本书的章节安排就像一本历史书，因为历史是厘清世事演进的最好工具。如果你还在读第 11 章，历史已经完成了它的使命。但对于这本书，我想做的不仅仅是指出哪些不应该做，还想告诉你们如何最大限度地提高成功的概率——无论你如何界定成功。

　　想想过去那些杰作的创造者，令人惊讶的是，他们中很少有人研究过创新或创造性思维。无论是梵高、爱迪生、史蒂夫·乔布斯还是戴夫·埃格斯，几乎没有人用传统的方式研究过这些话题。他们不读创新书籍，也不上创新课。他们那时没有 TED 演讲（TED：技术·娱乐·设计），也没有马尔科姆·格拉德威尔的论文可读，但他们奇迹般地克服了这些困难，自己找到了灵感。他们中的许多人是辍学者，或者徘徊在学业和职业之间。然而，他们所做的是选择他们感兴趣的具体问题，然后孜孜以求。他们专注于这些问题，往往不能确保能有回报。我的意思是说，他们似乎不需要对"创新"这个抽象概念有太多了解，而现在很多人却认为创新始于对创新概念的理解。但是有例子足以证明事实恰恰相反。许多伟大的人物都不屑于玩概念游戏，他们更愿意动手实践。他们迅速投入工作，尝试解决重要的问题（在某些情况下，他们认为自己可以从中受益），边做边学。

也许最大的认识误区是：你需要成为创新方面的专家，才能改变世界。

尼古拉·特斯拉是收音机的发明者之一，[①] 是他使家庭和办公室用电成为可能，但他当时却没有学过工商管理硕士课程，也没有即时消息和WiFi互联网接入，当然，是他的发明为这些创新创造了条件。就连乔治·威斯汀豪斯，这位为特斯拉的大部分工作提供资金支持的商业大亨，也没有接受过创业精神或突破性发明理论方面的培训。历史上大多数的进步都是在没有我们今天所依赖的理论、资源和设备的情况下取得的。

我这样讲不是在推销无知或鼓动你像阿米什人那样拒绝现代科技，如果有帮助你实现目标的任何资源，你当然应该使用。不过，你需要的工具箱比你想象的要简单，而且你主要依靠自己，不需要太多工具或者理论。我写这些故事的目的有两个：首先，揭示这些人实际成就背后的真相比传说里的叙说更鼓舞人心；其次，他们使用的方法很简单，任何人都可以使用。挑战在于，如今我们获取的信息太多，很容易陷入误区，以为存在魔法般的答案；而且，无论我们被告知多少次，这种答案并不存在。甚至我们暂时被说服了，但最终还是会再度陷入误区。

人类大脑迷人的原因有很多，但其最具破坏性的特征之一是痴迷遐思。如果哪天你的工作可做可不做（如做一个你喜欢的项目，也许能取得突破，也许不会），我们的大脑能变着花样漫游。大脑最喜欢的游荡方式是寻找"银色子弹"。当我们开始寻找这些"终极大招"时，我们就从实际工作中分

[①] 就像我们在第五章中探讨的那样，特斯拉主张自己发现了无线电，但你是否认同该主张，取决于你认为哪些因素最重要，包括专利申请。马可尼和特斯拉的无线电专利之争的概要介绍。参见：http://www.pbs.org/tesla/ll/ll_whoradio.html。

心,不知不觉中,就到了开会、吃饭或睡觉的时候了。我们在通往成功的路上踟蹰,忘却了只有平凡的努力工作才能带给我们想要的东西;我们沉浸于异想天开,梦想找到一条神奇的捷径。许多人重复着同样的失败循环,深信失败是因为他们没有找到秘密捷径,而不是没有投入必需的漫长时间去实现他们的梦想。

杰弗瑞·菲佛和罗伯特·I.萨顿在《知行之间的鸿沟》一书中很好地描述了我们大多数人都有的类似的自我毁灭行为模式。① 这本书关注的是知道如何做某事和实际能够或愿意做某事之间的鸿沟。你可能知道,弹吉他时需要一只手放在琴弦上,另一只手夹着拨片,用拨片拨动琴弦发出声音。你已经见过很多人这样做了,知道吉他如果弹得好,看起来和听起来应该是什么样的。你甚至可能了解一些相关的词汇,如重复段或和弦,这是一种知识。但这与你愿意亲自拿起吉他,弹上几天、几周,甚至几个月,直到你的手指动作娴熟是截然不同的。

创造力、创新精神、企业家精神或其他任何事情都道同此理。我们喜欢假装知与行之间只是小沟壑,但实际上却是鸿沟,而且很少有人愿意付出努力去填补这个鸿沟。这需要勇气、毅力,无惧风险,并且愿意埋头工作,不计回报。这些品质比知识、学位或塞满书架的创新书籍更重要。阅读创新书籍虽是被动之举,但却安全;放下书本,实施项目是主动而为,但却充满风险。不管你读了多少书,这一点都不会改变。

就商业和创新理论而言,你现在随便找几十位专家,都比爱迪生、福特、特斯拉、盖茨、乔布斯等创新大鳄讲得更头头是道,但这些拥有"专业知识"的专家取得的成就与那些创新大鳄相比,就显得微不足道了。虽然我也拥有专利,成功完成了一些创新项目,但也归于"专家"之列。我主要靠写

---

① 杰弗瑞·菲佛,罗伯特·I.萨顿.知行之间的鸿沟.剑桥:哈佛商学院出版社,2000.

别人做过或正在做的事情来谋生。在当今这个时代，被视为"专家"可能对其从事其业务专长的"专家"能力没什么影响。这并不意味着书是无用的，但它确实说明存在一个悖论：那些抛头露面的创新专家是那些把时间花在写作和谈论创新上面的人，而不是真正从事创新实务的人。

跳出这些危险的陷阱并不难：如果你想要有创造力，你就必须创造东西；如果你想要创新，你就必须为别人创造东西。就像成为一名吉他手一样，你必须每天花时间真正上手去弹，就这么简单。只有在实践中，你才能学到最好的经验。只有在创造事物以解决问题的具体实践中，你所拥有的潜能方可显现出来。

在 2009 年出版的《异类》一书中，马尔科姆·格拉德威尔普及了这样一个概念，即一个人需要花费 1 万个小时真正做一件事，才能做好这件事。这是一个绝妙而且简单的概念。人们每每来找我寻求建议，我都会问他们："你花了多少时间来尝试做这件事？"如果他们问的是创造性思维和发明方面的问题，他们通常答道："哎呀，我还没开始呢。"如果这样，我会说："那我恐怕帮不上你。"除非你积极地开始做事情，否则我的建议对你没有多大用处。如果有人向我展示一个设计理念的草图，我可以略加评论；如果你困在一个棘手的问题上，我可以给出一些建议。但如果你没有付出时间做任何事情，我也无能为力。创造力不是抽象的，而是具体的——它只有在你试图做某些特定的事情时才会出现。这似乎是显而易见的，但你会惊讶地发现，有多少人甚至从来没有为他们每天的梦想迈出行动的第一步。他们把梦想和行动搞混了，也许是因为这样做给了他们在现实中可能得不到的安慰和回报。

最近，我有幸在加利福尼亚州加利福尼亚州大学伯克利分校的创新主题活动上发表演讲，该活动由《经济学人》组织。我很荣幸能和杰瑞德·戴蒙德、罗伯特·瑞奇、阿里安娜·赫芬顿、约翰·佩里·巴洛、艾德·卡特莫尔（皮克斯动画工作室创始人之一）同台演讲。听众中满是知名企业高管、政府决策者和企业家。我被安排在第二天演讲，第一天的发言我都认真听了。"创新"这个词在第一天被提及了181次（我一直在计数），每小时超过30次，但我没有看到任何人在演讲台上做任何富有创造性或创新的事情。无论谈话多么有趣，都是关于知识的，几乎没有关于行动的。我决定挑战这一点。以下是我的经过编辑的演讲文本：[①]

现在，我以写书为生，我就谈谈我书中的思想。实际上，我的第一份职业是团队领头人。在网络时代的早期，我们研发IE浏览器，从1.0版本发展到5.0版本。到目前为止，我们在这次活动上谈到的许多事情我都实践过。那些年，我的大部分工作是领导一个由设计师和工程师组成的团队研制新东西。我们做研究，我们制原型，我们把原型制成产品，我们将其推向世界。每隔三四个月，我们就会发布一个新版本，我们所做的工作在世界上属于相对较新的，或者至少对微软来说是很新的。

2003年，我辞掉工作开始写作，我知道我想写一本关于创造力和发明的书，内容基于我的个人经验和职业生涯，书中的内容我真希望在我开始工作时能有人告诉我。在创造性思维和发明的解读中有太多舛误。本书——《创新的思考》——是一本畅销书，也是到目前为止对我成功的诠释，我今天就谈谈相关内容。

我是遵循奥卡姆剃刀定律这一类型的人。奥卡姆剃刀定律的

[①] 视频和完整的文字记录见 http://www.scottberkun.com/blog/2010/my-speech-at-the-economist/。

概念是：如果你有两种理论来解释某件事，简单的那个理论可能是对的。对于创新，我用的就是这种视角。基于此，我观察到一些现象。

首先，大多数团队都运行不畅。他们不信任彼此。引领团队的方式没能创造出让人感受到信任的文化氛围。想想你的团队成员——多少人赢得了你的信任？有多少人你可以放心地与之共享你那特别的、危险的或者绝妙的想法？根据我在许多机构的从业经验，我敢说全世界的团队中，只有三分之一的团队拥有信任的文化。没有信任，就谈不上合作。没有信任，想法便不名一文，即使有人鼓足勇气分享了想法也无济于事。

其次，大多数管理者/领导者都倾向于规避风险。这不是他们的错，因为大多数人都这样。我们为了生存而进化，其结果通常意味着保守和维持现状。看着观众席中的你们，我可以告诉大家，我没有看到现在有谁穿着创新或行为创新。你们一排排端坐在座位上，穿着体面但保守的职业装。这并不奇怪。大多数人，大多数时候，表现得就像你们现在这样，当然，我是说在工作的时候。

但是，如果没有承担风险的担当，创新和进步就无从发生。即便你有一个好主意，但将它变成现实也是有风险的。即使你能够将想法开发成一款优秀的产品，你也必须将其发布，让世人接受，而等候你的可能是上百条显失公平的原因，这些由头左右着人们如何看待你的创新，关乎创新的成败，而所有这一切都超乎你的控制范围。

正因如此，所有类型的创新和进步史大多是由失败写就的；

几乎可以肯定地说，任何你听说过的革命性突破，即使后来得到了世人任何支持的话，在其被接受之前都被拒绝过N次。你会发现，许多伟大的想法即使被接受了，也很少是当权者听到那些想法后立即张开双臂，给予无条件的爱。我们对此心知肚明，这就是为什么我们经常把最好的想法留给自己，把它们握在自己手里更安全。

没有值得信任的团队和敢于冒险的优秀领导者，创新就很难发生。就算预算、资源、工具、理论和成本累计曲线等应有尽有，也无济于事。奥卡姆剃刀定律的概念表明，创新的主要障碍是简单的文化因素，但我们忽视了这些东西，因为我们更愿意相信自己是高大上的。但大多数情况下，我们并非如此。

接下来，我们需要克服对顿悟的痴迷。没有多年的辛勤工作，历史上就不会闪现任何顿悟，即便闪现了也是昙花一现。有想法并不难，也无须多少花费，任何有关创造力的书或课程都会帮助你找到很多想法。但很少有人愿意用自己的名誉、职业生涯或财务做赌注，全身心地投入到实现这些想法的过程中。想法很抽象。在这个世界上，因为有政治、财务和技术上的限制，执行和实现一个想法完全是另一回事，而那些锁在我们脑海里的想法永远不必与这些东西纠缠。这种区别是你看任何理论、书籍或获得任何学位都无从知晓的。信念，就像信任和愿意冒险一样，是非常难得的。众多创新是由企业家和独立人士推动的，部分原因是他们全心全意投入到实现自己的想法中，而包括高管在内的大多数人做不到这一点。

最后，我需要谈谈文字的问题。我是个作家兼演说家，所以，文字就是我的衣食父母。文字对每个人都很重要，而且或许是危险的。我想和大家分享的一个时髦词汇：物化。物化就是把代表某个事物的词汇和这个词汇本身混淆了。例如，"创新"这个词本身并不是一种创新。词语是廉价的。你可以把"创新"这个词写在盒子的背面，放在广告里，甚至用"创新"这个词为你的公司命名，但这并不代表盒子、广告或者你的公司就真正创新了。类似的词汇还有"彻底的""改变游戏规则""突破""颠覆性的"等，也都仅仅指代词汇本身，而非其具体蕴含。"创新"这个词你说多少次都无妨，但口头说说不会让你成为一个创新者，也不会让发明、专利或利润魔法般地落入你的口袋。

根据我的研究，我知道如果你在某个房间里，有个东西正在被制作，这个东西后来被人们称作"创新"之作，但在当时，描述这件东西的词汇就简单很多，如"问题""解决方案""目标""实验""原型"，都是一些工人常用的词汇。但是，每当我被邀请到某个地方讲述创新或给某个组织提供协助时，我在会议室里听到的都是一些花哨的词汇。这时，我总会举起手发问："你说的'创新'是什么意思？"大多数时候，他们不得不停下来思考。他们也不知道自己在说什么。

如果发言者不知道自己在说什么，很有可能房间里的其他人也不明白他们说的是什么意思。没有良好的沟通，信任就不太可能达成——如果不是完全不可能的话。通常情况下，人们所说的创新指的是以下五种情况之一：一是我们想要尝试一些新事物；二是我们想要一些新的好东西；三是我们想要一些新的、好的、可以赚钱的东西；四是我们想要力度更大些，进展更快些；五是我们只是想让别人觉得我们具有创新思维。这些表述简单的愿望理解起来就容易很多。当这种语言渗透到一种文化中，创新发生的概率就会增加。历史表明，清晰的语言是伟大的思想家、创造者和创新者一直使用的工具之一。

最后，再提一下奥卡姆剃刀定律，我想知道你是否有比我在书中提到的更简单的方法来理解创新是如何发生的，如果有，请告诉我。同样，如果本书有助于简化你做事情或者实现目标的思维方式，我也想听听。谢谢大家！

这次演讲实际上概述了一个简单计划。这类建议并没有什么新奇之处，很多人认为它太过显而易见而不予理会。事实上，有些人认为本书太过平淡无奇。当被委任谋划业务时，许多高管和领导者听了像我这样的建议，就去另寻高明了。他们也许和你以及你的老板有同样的看法，认为要把工作做得比现在好，肯定需要更高级、更复杂的东西。但从我研究过的历史、工作过的机构、参观过的公司来看，情况恰恰相反。正是因为这些简单的模式和挑战被无视、被忽略了，才导致困惑和失败不断上演，没有任何其他原因能与之匹敌。但是这个建议看起来并不具有"创新性"，而且由于人们一般都假定关于创新的建议本身一定是令人耳目一新的，所以我提出的建议往往被置若罔闻。

我当然不是唯一持这种简单观点的人。尽管其他演讲者中很少有人持这种观点（在流行的商业书籍中，这也是一个罕见的主题，彼得·德鲁克的《创新与企业家精神》明显是个例外），但还是有两位演讲者表达了类似的观点。哈佛大学管理学教授艾米·埃德蒙森是参加这次活动的少数几个从团队角度思考问题的人之一。她将协作称为"打破人际恐惧"，阐述了协作在提升团队解决问题的能力中发挥的关键作用。① 她的研究使她相信，优秀团队的士气比之前想象的更加脆弱，更容易受到领导者的行为影响。

艾德·卡特穆尔给出了最明智的建议。② 尽管皮克斯动画工作室有12部成功的电影上映（每部电影的票房都超过1亿美元），但他对自己在这些成功影片中的领导作用给出了简单而谦逊的看法。

> 我们的影片已经成功上映，但我们却误解了我们是如何取得成功的，也没弄清楚谁对我们产生了影响，结果我们就产生了错误的想法，然后就犯了一系列的错误，而这些错误本来就没有现实基础。这意味着错误的场景正在皮克斯动画工作室上演，然而事情发生了我却看不到。我必须从这个前提开始。纵观皮克斯动画工作室的发展史，公司里发生了一些事情，我不知道它是什么……个中原因是我心里没有答案。乍一听，这样说话似乎有点油腔滑调。但过后，人们认识到很多问题我确实没有答案。于是，我们开始讨论，开始辩论……慢慢地，我们能够非常公开、非常真诚地面对问题。

这些话你通常不会从大师们那里听到。他没有给出"五步法"或"如何实现突破指南"，而是展示了他如何看待这类工作中不可避免的挑战。如果你想做出一些惊人之举或者一些很少有人做过的事情，你不可能百分百确定该如何去做。他没有隐瞒这一事实，而是决定承认这需要赋能，使

---

① 艾米·埃德蒙森的研究文章可以在 http://hbswk.hbs.edu/faculty/aedmondson.html 找到。

② 艾德·卡特穆尔演讲的整个视频可以在 http://www.scottberkun.com/blog/2010/inside-pixars-leadership/ 找到，并附有文本摘录。

他能够信任组织中的其他人参与解决他们共同发现的问题。如果总裁能够这样做，就能使所有中层管理人员和员工遵循同样的诚实策略。所有这些看起来都是简单但却有用的智慧，但如果你意识到这种环境是多么罕见，就会知道这些简单的智慧其实并不简单。很多人都在谈论这样的企业文化，但谈论和实践完全是两码事。

但最令人惊讶的是，他对那些在团队中并不融洽的天才员工的态度。很多公司都有这样一个误区，认为这样的权衡是值得的：如果你有一个摇滚明星，你应该容忍他的自私、幼稚和破坏性的行为。卡特穆尔对此并不认同。他将团队中的信任意识置于个人能力之上。

> （在皮克斯动画工作室）对特立独行的宽容度很高，（人们）非常有创造力……甚至有些人让人感到怪异……但也有少数人虽然非常有创造力，但社会功能失调——这样的人我们就赶走了。如果我们没有一个健康的集体，公司就无法运行。

就像这本书中提到的许多其他想法一样，这是一个简单的想法，但一些组织却不敢尝试。他们的行事原则有违本想法以及许多其他想法，因为他们认为他们的问题太复杂了，导致问题产生的原因不可能这么简单。但在卡特穆尔看来，原因还真就是这么简单：制作电影、产品或网站需要许多人提供许多想法，只有人们之间的想法交流健康、顺畅，结果才会好。哪怕身边只有一个害群之马，无论其多么才华横溢，都会搅扰全局，使其他因素变得无关紧要——罗伯特·I. 萨顿在其《拒绝混蛋法则》（商业加出版社 2007 年版）一书中关注过这一点。同样的道理也适用于书中大部分的神话。

简单计划

为了把这些线索和书中前面提到的线索联系起来，我制订了一个计划，称为简单计划。如果你拿起本书，不仅是为了找到想法，还想把它们变成现实，那么你读这本书就对了。

1. **选择一个项目，着手做事情**。做什么项目并不重要。将想法变成现实需要经验积累，正所谓熟能生巧。不要傻等：做个网站，开个博客，起草个计划。习惯尝试新事物时的恐惧以及克服恐惧后的感觉。拿出纸和笔，列出一些你想解决的问题，无论工作中的问题、街坊的问题，还是世界上的问题。选定一个问题，然后想出一些有趣的方式对问题进行重塑（见第9章）。除非开始做点什么，否则你什么也学不到。如果你没有办法在上班时间做项目，那就在周末做吧——历史上有很多革新者从来没有得到经理的批准去实施他们的想法。总有办法启动项目，挑一件自己能做的小事，或者和朋友一起做，然后埋头去干就好了。

2. **忘记创新，专注品质**。世界上大多数产品都有改进的空间，而你无须突破性创新就可以改进产品，赢得竞争，或者帮助那些为问题所困之人。如果你认真研究试图要解决的问题，就会发现许多明确的改进方法。这是最好的起点。如果你为客户解决了一个问题，客户很开心，你也赚了钱，你认为他们会在乎你是否用了创新方法吗？他们只想解决他们的问题。如果你用传统方法治愈癌症，病人会拒绝吗？他们会说"但你用的不是创新方法！"吗？当然不会，所以别担心。使用车间工人的话语（这些人后来被称作创新者），如问题、原型、实验、设计和解决方案，而不是使用突破性、激进、改变游戏规则和创新等术语。这能让你保持低姿态，防止膨胀的自我妨碍你制造良品。

3. **如果你和别人一起工作，你需要好领导和信任**。如果人们互不信任，那么操心使用哪种创新方法，或者要花费多少预算都没有任何意义。正如第7章所述，领导者的职责是创造一个相互信任的环境，这样想法才能分享和发展。领导者的角色还包括使用普通员工没有的权力去冒险，以及保护团队免受风险之害。这些听起来似乎都是理所当然的事情，但是看看周围，真正能做到这些的人屈指可数。许多员工不信任自己的团队，也不愿为那些愿意将自己的声誉押在新想法上的领导者工作。在掌权者中，不仅愿意为问题承担责任，而且愿意将功劳作为对下属努力的奖励的领导也是罕见的。如果你是一个领导者，责任就在你身上。如果你不是领导，又不愿意在一个能够创造信任并愿意承担风险的人手下工作，创新就不会在你所在之处发生。你可以辞职，迫使对方表态，或者接受现状。

4. **如果你和其他人一起工作，事情进展得不顺利，那就缩小团队规模**。许多发明诞生在小公司不是没有原因的。在许多大型组织中，有太多的人参与其中，结果什么有趣的事也干不成。当事情进展不顺利时，我给团队的第一个建议是把一些人赶出房间：减少参与决策的人数。让3个人同意去冒险比让30个人同意去冒险简单得多。3个人做决定时，他们会全身心投入，而30个人永远无法做到。另一个解决办法是选择一个有创造力的领导者，并赋予其更多权力。电影导演是电影制作中唯一的创意领导者。然而，大多数公司或学术项目将权力分散到委员会，导致决策趋于保守——实属南辕北辙了。

5. **为有趣的"错误"喝彩**。如果你正在尝试新事物，那么第一次、第二次甚至可能第五十次都不是很顺利。这没什么。你的心态必须是"我从刚刚做的事情中学到了什么吗？"这可能只是一个教训，说明你尝试的方法行不通，但这些你以前并不知道。教训越有趣越好。你要培养实验者的心态（见第3章），拷问自己所做的一切，然后用问题的答案来帮助后续的尝试。许多人在第二次或第三次尝试时就放弃了，原因也是五花八门的。在本书中，没有一个故事提到任何一个睿智之人随便尝试几次就成功了。坚持不懈虽然不是什么深奥的概念，但却是只有极少数人才拥有的品质。

我们很难将这个简单的计划一以贯之得执行下去。你梦想找到一个更简单的方法，一门心思想找技巧或公式来逃避所有的工作、规避所有的风险。但我希望你在本书的前几章读到的故事能坚定你的信心，并帮助你坚守这个简单的观点。如果你坚持阅读本书，你会发现书里的故事——基于事实——可以用来驳倒你在这个世界上经常听到的谬误传言。

你在尝试将这个简单计划付诸实践时会面临三个最根本的挑战：想出点子、向他人解释点子，以及在新项目最初的兴奋感消失后保持斗志。以下章节将为你提供具体建议。这些章节是基于最初发表在我网站上的文章，但这些文章已经过大幅修改并纳入本书。

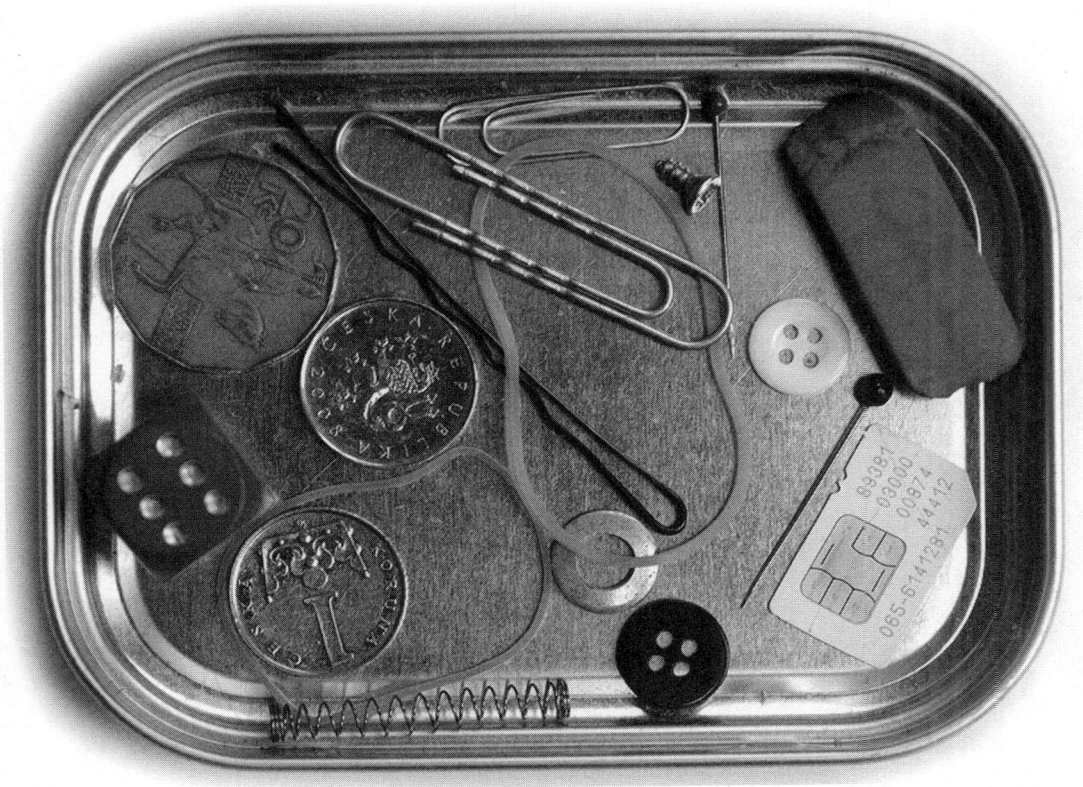

第12章

用创造性思维谋突破

我们每个人都有变得更有创造力的一切必备条件。问题是学校、父母和职场往往奖励我们循规蹈矩,这与学会问自己问题并寻求自己的答案是截然不同的(这是创造性思维的一个简单定义)。本章是我在华盛顿大学教授的一门课程的一个快捷、浓缩版本,这门课讲的是,任何人只要付出一些诚实的努力,都可以在任何时候完成任何任务时轻松地变得更有创造力。

铲除创新传奇

和如今的大多数媒体一样,本章以暴力开始——还有一个不必要的感叹号!闭上眼睛,想象世界上造出的最神奇的剑。现在,手拿宝剑,挥向你听过的每一个创意传奇故事(我们已经把达·芬奇、莫扎特和爱因斯坦传奇化,将其视为神一般的存在,而其日常生活中的平凡之处被无限缩小,以至于他们的母亲在我们讲述的传说中都认不出他们来了)。接下来,用剑上附带的薄荷香味火焰喷射器,点燃艾萨克·牛顿和苹果、本杰明·富兰克林和闪电风筝、爱迪生和电灯泡的童年故事。想想你听过的其他类似的传说,即使它们在本书中没有被提到。这些流行的创新传说往好说是带有欺骗性的,往坏说是十足的谎言。它们被改头换面以迎合大众,而不是为那些真正对创造性工作感兴趣的人提供信息或者帮助。用你的剑劈向每一本故事书,再扔几个涂有凝固汽油的手榴弹,然后看着那些载有陈旧的、破碎的创意观点的故事书在火焰中燃烧。围着燃烧出的灰烬跳舞!在这些余温尚存的创新神话的灰烬上烤棉花糖吃！乐趣自此开始：解放自我。就像你年轻时那样，对什么是创造性不持任何先入之见。

在这片新沃土上，种下一个简单定义：想法是其他想法的组合。大声说五遍。对你的猫说，对着车窗外等车的陌生人喊出来。你见过的所有令人惊叹的创意或你听过的想法都可以被分解成更小的想法：汽车是发动机和轮子的组合，电话是电力和声音的组合，里斯花生酱杯是花生酱和巧克力的组合。所有伟大的创造性思想、发明和理论都是由其他思想组成的。你为什么要关心这个？因为如果你想成为一个创造者而不是消费者，就必须把现有的想法看作你大脑的养料。你必须不再把它们视为物品或功能性的东西——它们是有待重用的组合成分。

组合

烹饪是创造力的一个绝妙比喻：厨师的才能取决于他将各种食材汇聚在一起开发菜品的能力。即使是历史上最富有灵感的厨师，也不会仅仅因为烹饪时神情专注，培根就自动出现在餐盘上，更不会向神力暗示，驯化的番茄应该出现在理想进化结果清单上。"创造性即组合"的观念可以在许多方面帮助创造者。这意味着，如果你在任何时候感到创新无方，解决方案就是更仔细地观察你可以使用的组合，或者将某物分解，看看它是如何制作的。只需多观察便可增加创造性，也就是要更加注意可能的各种组合方式。这里有一个测试：快速选出你面前的两件东西，比如说，这本"书"和你那"讨厌的""臭"朋友"鲁伯特"。现在闭上你的眼睛，想象不同的组合方式。

如果你被难住了，我给你提供三种组合：

1. "鲁伯特"与图"书"目录。
2. 一本关于创新的"讨厌的""臭""书"。
3. 读一本关于"鲁伯特"脸的"书",或者用他的脸做一本书。

虽然这些组合可能没什么用、不好、甚至不务实,但它们肯定很有创意(如果你认为这些组合很愚蠢、很幼稚,那么是你将品味不佳和缺乏创造力混淆了)。如果为这个组合再加上第三个元素,如一加仑卡布奇诺"咖啡",可能会产生更有趣的组合(一本含有过量"咖啡"因、"臭"烘烘的书,充满了"鲁伯特"令人"讨厌的"个性)。

与他人相比,创造力大师随着时间的推移可以发现、评估和探索更多的组合。他们更善于猜测哪种组合更有趣,所以,他们的胜算提高了。他们还了解到,有些组合或模式可以反复使用,以孕育新的想法或修改现有的想法。例如,长久以来,音乐家重复使用旋律、和弦,甚至是整个歌曲的结构。美国的国歌是根据英国一首古老的饮酒歌曲的曲调改编的。① 迪斯尼电影《狮子王》是莎士比亚的《哈姆雷特》的演绎版。莎士比亚很可能受到早期希腊悲剧的影响。如果对任何创造性领域都做做研究,从喜剧到烹饪再到写作……你就会发现到处都有可以重用和重组的模式。艺术家在创作绘画时,或者作家在写作小说时,创意不知从何处潜出,神奇地握住了他们的手,这种看法只不过是一种幻觉。凡事皆有出处,无论其多么神奇或美妙。《蒙娜丽莎》并不是第一幅肖像画,正如真命天女乐队的儿童歌曲《幸存者》并不是第一首四分钟节奏布鲁斯歌曲一样。

我不是建议你去窃取别人的东西然后在上面写上自己的名字。那是偷窃,而且是一种相当没有创造性的偷窃。相反,我是想让大家认识到,在

---

① http://en.wikipedia.org/wiki/The_Star-Spangled_Banner。

不违反法律或不违背信任的情况下，世界上有多少东西可以借鉴、重用、重新解释、作为灵感使用或进行重组。每个领域都有自己的规则和边界，但创造性领域比你想象的更自由些。①

抑制力

我们害怕。我们害怕黑暗，害怕父母，害怕父母在黑暗中做的事。我们小而高效的大脑竭力阻止我们思考我们害怕或不理解的事情。这有利于生存，但不利于组合。我们对结果做出了不利预测，因而停止了对许多组合的追求。但请记住：预测是个很糟糕的东西。刘易斯·托马斯（见第7章）提到，在他的研究实验室中，最好的进步标志是笑声，而笑声通常来自惊奇，而非预测到的事情。

我们中的许多人本来都有创造潜力，却什么都没有创造出来，只是因为我们内心充满恐惧，难以将过滤器关闭。任何事如果可能会产生意想不到的结果，我们绝不去做。我们从老师、老板、家人等那里寻求外部认可，但创造力通常取决于自我认可。我们必须自己判断我们的想法是否有趣或有用。

可以这样说，富有创造力的人更能控制自己的恐惧——或者不那么害怕尴尬。他们不一定更聪明或更有能力想出好点子，他们只是比其他人过滤掉的点子少一些。与创造力关联密切的是无畏，而不是智慧或表面上与创造力相关的任何其他形容词。这就解释了为什么很多人在喝酒之后或在深夜的时候会觉得更有创造力：因为这些时候自我抑制程度降低了，或者至少有所改变，因而得以看到比平时更多的事物组合。

---

① 对这一说法的一个有趣挑战是音乐采样问题。一首歌曲多大程度上可以为其他艺术家借鉴和重用？一秒钟？五秒钟？一点也不行？可以参考优秀影片《非法音频》，它从许多不同角度探讨了这个问题（电影中也有很多不错的音乐）。参见：http://www.pbs.org/independentlens/copyright-criminals/film.html。

环境

是否拥有创造力，责任在个人。没有哪本书或哪个专家能告诉你怎样才能拥有创造力。你必须花时间关注自己：什么时候你最容易产生想法？独处的时候？和朋友在一起的时候？在酒吧里的时候？在海滩上的时候？一天中有没有最放松的时候？有音乐在播放吗？开始关注你的节奏，然后按照节奏构建你的创造性活动。用爱默生的话来说，这叫作自我认识：[①]如果你不关注自己的行为，不学习如何最好地培养自己这个宇宙中独一无二的奇迹，你就不可能成为富有成效的创造者。没有什么比通过模仿别人来塑造自己更反常的了。那根本行不通——没有哪本书、哪门课、哪位老师能给教给你这一点。

为了帮助你弄清楚这一点，你需要体验不同的工作方式，并留心哪一种最适合你。这些工作方式可能超乎你的期待，没有在你如何完成创造性工作的框架内（即过滤器），也不适合一个42岁的中层管理者去做。我了解到，我往往在深夜时分最有创造力。我觉得这样不方便，对我的家人也不方便，但我承认深夜时分是我创造力的黄金时间。如果我想最大限度地发挥我的创造力，我一定会花很多时间工作到深夜。我们每个人对环境条件的反应都不一样。其中一半的挑战是尝试找出最有效的方法；另一半则是外化于行，不管这种方法会带来多少不方便或多么与众不同。

坚持

为了追求刺激搞点创意很容易，但如果想按需创新，就必须养成有益的习惯，这就和坚持有关了。你不会在遇到问题后能立即找到有趣的组合。

[①] 拉尔夫·沃尔多·爱默生的文章《自力更生》。参见：http://www.emersoncentral.com/selfreliance.htm。

正视恐惧并加以克服，这绝非乐事。在某种程度上，所有的创造性任务都变成了工作。有趣好玩的挑战逐渐消失，你必须埋头于平凡、乏味、不那么高大上的工作才能将想法变成现实。只要研究伟大创造者的历史，你便可发现意志力和专注投入是他们的共同核心驱动力。梵高、米开朗基罗和莫扎特每天都在工作。爱迪生、海明威和贝多芬，以及大多数传奇式的天才，都比他们的同龄人更勤奋。撇开才华和基因不谈，伟人和我们之间最大的区别在于他们对事业的奉献精神。我们知道的每一个名字，他们的同伴与他们一样才华横溢，甚至比他们更有才华，但懒惰程度是他们的两倍。他们总是在项目完成之前就放弃了。想知道为什么我们不知道他们的名字吗？——因为想法只有被分享了才会得到世人的关注。

在做关于创造性思维的讲座时，我经常会问听众，谁有关于商业、电影或书籍的想法。大多数观众都举手了。我接着问，有谁围绕想法开展过任何工作，大多数听众都放下了手。这说明了一个问题：想法是懒惰的，它们不会自己做任何事情。如果你不愿意做一些平淡的工作来实现你的想法，那么我问的问题和创造力就不可能发生任何关系。

当某个想法在你的头脑中完全成形时，不可否认的事实是，要想让这个想法改变世界，它必须离开你的大脑——这是一段只有通过努力工作和奉献才能开启的旅程。写方案、设计草图、推销想法：这些你都知道如何去做。但是为了实现你的想法，你到底愿意走多远呢？

用创造性思维谋突破

下面是一些应用这一建议的有效策略：

1. **开始写想法日记**。任何时候突然想到任何想法都把它记录下来。

不要抑制任何想法，统统记下来。你又不把日记拿给别人看，所以不要滤除任何想法——没人品头论足。这有助于你找到自己的创新节奏，长此以往，你就能发现一天的什么时候你最有创造力。我推荐纸质日记，你尽可以在上面胡写乱画，但电子日记也可以。当你才思枯竭时，翻一翻你的日记，肯定能发现你已经忘记的旧想法可以用来解决你试图解决的新问题。

2. **给潜意识一个机会**。为何你在淋浴时想法能涌上心头？那是因为你特别放松，潜意识有机会浮现出想法。让这种情形更易于发生：挤出时间让头脑放松。跑步、游泳、骑自行车、做爱，总之做一些与你的创新性问题毫无关联的事情。之后，你可能会发现你整个上午都在纠结的问题其实并没有那么难，或者你想出来一个解决它的新想法。

3. **用身体帮助大脑**。这对你的逻辑思维来说是完全违反直觉的，但这正是为什么它很可能行得通。在约翰·梅迪纳的《大脑规则》一书中，他解释了体育活动如何对大脑功能产生积极影响，即使对那些不喜欢体育活动的人也能起到作用。该理论认为，在人类进化史的大部分时间里，体力消耗和最大大脑功能是相关的（想想被老虎追赶时你的创造力有多强）。如果你的身体是活跃的，你的思想也会随之活跃。爱因斯坦和玻尔曾经一边散步一边辩论物理学问题——他们都认为自己在四处走动的时候可以更好地思考。这对你来说可能也同样适用。

4. **逆向思维**。如果你思路不畅，就想想跟你的目标完全相反的想法。如果你的目标是为你的团队设计最好的网站，那就切换到设计你能想象到的最烂的网站。逆向思考五分钟就能让你的沮丧情绪发泄出来，让你开怀大笑，很可能届时你就毫无恐惧感了。也许你能想出糟糕至极但近乎有趣的想法，这种可能性很大。仔细把玩一下这个想法，你会发现用其他任何方式都发现不了的好主意。

5. **切换模式**。每个人都有一种表达思想的主导方式：速写、写作、说话。如果你切换一下你的工作模式，会更容易找到不同的想法，你对特定问题的理解也会随之改变。这种方式既能帮助你发现新想法，也能使你深入探究目前专注的想法。在纸上记录比用电脑记录更方便，因为你可以在页边空白处涂鸦（一种模式切换的形式），这是用鼠标和键盘无法做到的。或者，试着向小孩子或你认识的最聪明的人解释你的问题，这会迫使你用不同的方式来描述和思考问题。

6. **参加即兴喜剧课**。这不像你想的那样困难或者痛苦。大多数即兴喜剧团体为普通人提供的这类课程，都是些简单的游戏。你上上课，玩一些游戏，慢慢地，你每周都能学会如何集中注意力关注游戏给你设定的特定情境，以及如何做出回应。最终，当你殚精竭虑投入创意但又对结果没有把握时，你就能够坦然面对了。

7. **找个合作伙伴**。有些人在和有创造力的朋友在一起时最有创造力。就一个项目与同伴合作，或者与其他从事个人项目的创意人士在一起，都能保持精力充沛。他们会给你的想法带来新的视角，你也会同样给他们带去新的视角。当事情进展不顺的时候，你还能有个伴儿一起喝酒解忧。

8. **停止阅读，开始行动**。"创造"这个词是个动词，是主动出击去做事情。做晚餐、画画、生火、制造点噪声，不管做什么，去做。如果你所有的创造性尝试都是被动消费，那么无论你消费得多么出色，你永远都是一个消费者，而不是一个创造者。放手去做的创造者文化氛围已经生成，还有项目和工具来帮你开始。请登录http://makezine.com和http://www.readymade.com两个网站，它们正等着给你支招。

第13章

如何推销想法

处于劣势者才去推销。除非你需要别人的帮助，无论是为初创公司筹集资金还是获得允许出去约会，否则你是不会去费口舌的。如果你把自己置于一个需要推销才能得到你想要的东西的位置上，那么不要假装一切都在你的掌控之中，从而把事情搞砸。你什么都没有掌控。你在求别人，如果你想要得到想要的东西，就必须有所准备。目标很明确，就是让别人尽可能容易地说"好吧"，而这不会自动发生。第四章讲过，从来没有一个理念是可以自我推销的。根据我的经验，拥有好想法的人最缺乏的技能是说服别人相信这些想法的优点。在本章，我将为你提供推销时可以采用的一些简单方法，以大幅提高你的胜算概率。

如果某人拥有你需要的资源，你想让他接受你的想法，这种行为就叫"推销"。电影剧本、商业计划或任何你可以称为想法的东西，都是由一个人推销给另一个人的。虽然行业不同，但所需的基本技能是一样的。

所有想法都意味着某种变化

根据定义，按照某个想法行事意味着宇宙中某些不一样的事情将要发生。即便你的想法无可否认是绝妙的，它也会迫使某人、某地做出某种改变。大多数人不喜欢改变——他们惧怕改变。你自以为想法的那些吸引人的特质，可能正是别人难以接受你想法的原因。伽利略证明了太阳是太阳系的中心——他肯定为此贡献感到自豪，但他非常傲慢，不屑于以教会可以接受的方式解释他的理论，使得他本人和他的理论都不受欢迎。因此，许多有伟大想法的人非常沮丧，不明白为什么他们的想法会遭到抵制。这种挫败感会让他们的推销术更加拙劣，使别人越来越不可能接受他们的想法。

如果你是个创新者，当你把伟大的想法摆在一个不想改变的人面前时，你和你的想法都处于劣势，因为你得到的答案通常是否定的，所以在你推销之前，必须先研究一下过去的创新者，并准备好如何面对常见的拒绝遁词（见第6章"创意杀手"部分）。如果能找到对改变感兴趣的人，或者那些你知道有明确需求或你的想法可以为他们解决问题的人，你就不是在谈论你及你的想法，而是在为他们的问题提出一个可能的解决方案。能找到这样的人付出多少都值得。第7章中描述的那种拥有健康文化的组织比停滞不前、苦苦挣扎的组织更容易传达理念和做出改变。明智的领导者通常依赖改变，不仅积极促成改变发生，而且期望组织中各个层级的人都为改变奉献一份力量。这需要成熟可靠的管理者才能成功创造出这种环境，而这种环境一旦形成，聪慧之人就会欢心鼓舞，愿意为组织贡献聪明才智。但无论你与谁合作，策划优秀推销方案的重任都落在了创意人员的肩上。下面的步骤将为你提供一些建议，帮助你更好地策划和演示一个有效的推销方案。

步骤1：完善你的想法

潜在的想法推销者犯的典型错误是：在想法还没成熟之前就去向人推销。大多数人在发现一个有趣的想法时，他们膨胀的自我会很快引诱他们去做一些愚蠢的、不能产生任何效益的事情，比如跟每一个接触的人讲他们的新想法有多棒，让听者不胜其烦。自感聪明的兴奋感非常强烈，以至于他们忘记了：

- 好主意一抓一把。
- 人们很少仔细思考类似自己的想法为什么之前没有人实施过。
- 他们必须把计划、技能和思想整合起来，才能把想法带给世界，然后才会有人认真对待。

所以，为了成功推销你的想法，你必须考虑执行和交付。比如，"我们应该制造每小时能行驶 1000 英里的汽车，每 100 英里耗油 1 加仑，而且可以轻松折叠放进你的口袋里。""我们应该为家长和孩子拍一部儿童电影，情节充满智慧又趣味横生，同时又具有正面的精神和道德寓意。"——这些都算有趣的想法，是个良好的开始。但是，如果不制定详细方案，将抽象的想法（"制造一款突破性的汽车"）转化为切实可行的计划（"我设计的跨曲率引擎将汽油效能提高了 10 倍"），这些想法都不适宜用来推销。

除非概念已经明确，困难部分已经得到解决，并且足以证明理念的精神与细节相匹配，否则推销没有稳固的立足点，必然会失败。人们只要问两三个基本问题，你就会无以回答，你的想法自然会遭拒。永远记住，把有趣但模糊的想法转化为具体的、可操作的计划绝非易事。如果你有个朋友可以"倾诉"，他又不觉得你是在浪费他的时间，可以把你基于直觉或模糊不清的想法念叨给他听，让他给你支支招，这并无不可。但是，不要向你的老板或者潜在投资人推销你尚未成熟的想法，除非你能回答以下几个基本问题：

- 这解决了什么问题？
- 这是谁的问题？这对他们重要吗？有证据表明他们愿意花钱解决这个问题吗？

- 这个想法意味着有什么最艰巨的挑战？你将如何逐一解决？
- 你有原型、样品或演示品（也称为概念证明）吗？在剩下的工作中，哪些是最难做的？
- 为什么你是解决这个问题的合适人选？
- 为什么我们的组织应该提供资金/支持/时间来让你实现这个想法？

这些都是推销受众群体（如创新类书籍的作者）经常会问的问题。因此，一个好的推销者在准备问题答案时不能只是泛泛思考，特别是当他认为听者很重要，且他只有一次机会来推销自己的想法时。为推销做准备时，应该始终想着这些问题，这样可以大大提高思考的效能，使其得以推测推销对象可能会提及的重要细节、布设的陷阱，以及其他可能性。

步骤 2：塑造你的演讲

想法越宏大，就意味着要做出的改变越多。在这种情况下，也就这意味着推销必须更加周全。说服首席执行官启动一个新的百万美元的项目比说服你最好的朋友把笔借给你要花费更多的精力。首先，评估你的想法的边界，从窄到宽，它是：

- 对业已存在的事物的修改？
- 现有产品/网站/公司的新增功能或强化？
- 现有产品/网站/公司的主要新领域？
- 一个全新但却小而简单的项目？
- 一个全新但规模更大并且可能复杂的项目？
- 对现有组织的架构、方向或者原则上的变革？

- 一个新组织？
- 一个新国家、新星球、新维度？（抱歉，如果你想寻求掌管宇宙的万能力量，你必须到其他地方寻求帮助）

当你确定了边界后，研究一下其他人推销类似想法时是怎样做的。看看他们做了什么，是否成功了——如果失败了，从中汲取教训。可以看看关于如何推销商业计划、电影剧本，甚至是推销自己（如面试和约会时）的书，好好做做功课：了解一些基本策略或行业对你所做推销的期望，具体方法恕不在此——列出，因为行业不同，策略各异。但是，容易导致你的奇思妙想被忽略的因素非常明确，那就是不去亲自四处搜集信息，弄清楚在你的行业里推销倾向于采取何种形式。

步骤3：追随权力

列出你做推销的潜在受众（也称接收人）。其中可能有你的老板、副总裁、另一家公司的人士、银行人员、出版商等，天知道还有谁。列名单时要考虑两个标准：你可能联系上谁；谁有能够实施这个想法的权力。以下是一个大致的指南，告诉你谁拥有你需要的权力，根据感受进行排序，从感觉"好极了"到"令人沮丧"。

- 你自己。
- 朋友或组织中的同行。
- 你的老板。
- 公司里比你老板地位高的人。
- 你认识的其他公司的人。

- 你不认识，也不容易轻易联系上的人。
- 你不确定谁有权力。

你不确定谁有权力，你意识到你现在瘫在冰冷潮湿的地下室地板上，一只贼眉鼠眼的松鼠正在用削尖的铅笔戳你的肋骨（瞧，更糟的情况总会有）。如果你不知道向谁推销，四处打听一下。如果没有人倾听、接受你的想法，那么准备你的推销词没有任何意义。如果你联系不上你需要的当权人士，那就看看能联系上谁，列出人员名单；就按这种逆向思维一直列下去，直到列出你真正认识的人。你也许需要按此脉络忙碌一阵子，准备几个版本的推销词，才有可能得到你想要的结果。真正进入当面推销环节可能需要准备几天、几周甚至几个月的时间，还要找"托儿"进行实景操练。这让理想主义者士气低落，经常抱怨说："我的想法这么好，为什么还要受这些罪？"其实原因很简单：人们不擅长对自己的想法做出判断。有好多人口口声声说自己的想法绝妙至极，但事实绝非如此，这让当权者非常气恼，于是他们特意增加一些跑腿的工作将那些人滤除掉。真正对自己的想法充满激情的人不厌其烦，而那些口头上表示对自己的观点充满信心的人则不胜其烦。

步骤4：从他们的视角看问题

把推销你想法的事情放在一边。想象一下，你已经和你的推销对象脑际互联了。他是如何看待这个世界的？他可能对什么东西感兴趣？他典型的一天是怎样的？他一天能收到多少不请自来的推销？研究一下他的世界观，准备推销时顾及他的世界观。你的推销越符合他的需求，成功的概率就越大，甚至能得到30秒以上的倾听时间。这并不意味着你应该奴颜婢膝或为某个特定人士"定制"想法。相反，你必须意识到换位思考后你的观点以及你交流观点的方式与以往有何不同，并基于这种认识改进你的想法。这也许有助于你决定向谁推销你的想法：组织中最有权势的人可能并不认同你的理念，但排在第三或第四的当权者却可能会认同。后者将是你推销历程的理想起点。

如果你碰巧认识最适合推销的人，那么就要开始注意他如何处理他人的推销。你见过他认同别人的建议吗？在这个世界上，有些人永远不会说"是"，如果是那样，推销很可能会失败，但这与你或你的想法没有任何关系。另一些人则是只有数据才能说服他们，没有数据，他们是不会听你讲的。还有一些人需要你绘声绘色讲个相关故事来说明问题。人们的偏好迥异，你对推销对象的了解得越多，特别是要研究一下他之前接纳的推销，你成功的机会就越大。

步骤5：准备三个版本的推销词

永远为你的推销准备三个版本：5秒版本、30秒版本和5分钟版本。[①]5秒版本，也被称为电梯游说，是最简洁的，用一句话来表达想法。把你的思绪精炼、精炼、再精炼，直到你能用一个简短的句子说出充满智慧而又很风趣的东西。请你的朋友、同伴或陌生人扮演推销对象，来练习5秒钟版本，然后请他们帮你再度进行精炼。"这种方法我怎么看？我认为这种方法可以使汽车引擎的效率提高一倍，功率提高5倍。"这种方法对任何想法都适用：永远不要自以为自己的想法如此复杂和神奇，不可能用一个句子来解释。如果你给我这个借口，我会告诉你，这意味着你还没有在你的想法上下足功夫，所以没有弄清如何用简单的语言来表达。为了证明这

---

① 阿里·布伦克霍恩多年前给我提出了这个分类建议。

一点，这里列出了几个不同领域的复杂想法，并对每个想法给出 5 秒钟的简单解释。

- **发现DNA**——"我正在努力解释人类细胞是如何繁殖的。"
- **发明灯泡**——"我正在用电来照明。"
- **写一部精彩的小说**——"这个故事探讨了数字时代20多岁年轻人的焦虑。"
- **改进防抱死制动算法**——"我让汽车驾驶更安全。"

30 秒和 5 分钟的版本应该自然延伸 5 秒的版本。在 30 秒内，你可以谈一下你将如何实现你描述的目标，或者如果推销对象觉得 5 秒版本还不错的话，简要、具体地谈一下两到三个人想知道的最重要的事情。如果你不能在 5 秒或 30 秒内提炼出你在做的事情，那就完全没必要担心 5 分钟版本了，因为没有任何人会听你谈那么长时间。然而，由于有些人更喜欢书面版本，这就给了你一个机会同时提供 5 秒、30 秒和 5 分钟的版本。在这种情况下，三个版本最好保持相同的结构。从最短的版本开始，然后为下一个版本提供一些细节，最后一点一点地详细说明：如果能得到所需的资金和资源，你将如何实现你在第一句话（5 秒钟版本）中描述的目标。记着，在推销想法时，并不是所有所需材料都在身边，所以，至少简单考虑一下如何在以下情况下使用可资利用的工具：

- **电梯：** 只有你和你的想法。
- **慢电梯：** 你，或许还有你口袋里要展示的东西。
- **午餐：** 你，或许还有要去展示的东西，可以随便在上面写点什么的餐巾纸，还有酒。
- 高管评审：你，你的笔记本电脑，幻灯片，准备好的打印材料，唯命是从的人、爽快人（splunge）[①]。

有时候，与合作伙伴一起推销会对你有利。如果你能找到一个与你的技能互补的伙伴，并且一起合作也很愉快，那值得一试（尽管你膨胀的自我可能会试图说服你单干更好，但实际上单干并不一定更好）。搭档会让你的关系网翻倍，两个人一起思考问题对完善你的想法也有利，而且你至少有一个盟友。

步骤 6：推销测试

你花在一个想法上的时间越长，就越容易陷入自我膨胀。走出你的办公室、工位或公寓，找些聪明、诚实、愿意给你反馈的人，让他们假装是你的推销对象（如果他们表现得像比尔·盖茨、唐纳德·特朗普、马基雅维利、奥兹·奥斯本或你老板的漫画版，就有趣了）。然后进行推销演练，回答他们提出的问题（或忽略他们的笑声）。你不会总能得到你想要的反馈，但你起码打磨了你的想法以及谈论想法的方式。在模拟演练中，列出在推销中可能会被问到的问题，并准备回答这些问题。多练习几遍。

步骤 7：推销"实战"（推销即表演）

世上有三种人最难得：

[①] "splunge"这个词的意思是：我虽然爽快答应，但我不是一个唯命是从的人。如果你之前从来没有听过这个词，又要花时间参加会议，你应该补补课，去看看《蒙提·派森的飞行马戏团》第六集"splunge"场景。

- 优秀的沟通者。
- 有趣、实用想法的发现者。
- 把想法变成实际计划的实践者。

　　一个人同时擅长这三种技能是极其罕见的。如果你认为你就是这样的人，那你很可能想错了。在滋生这种想法之前，先从父母以外的人那里得到一些诚实的反馈。

　　即使对于那些有幸拥有这三种技能的人来说，推销也是一种表演，是在其他人面前实时完成的。表演需要排练——而不仅仅是前面描述的测试水平的演练。很多细微之处，如眼神交流、语气和表达信念的能力，如果你不花很多时间真正去做这些事，你是无法找到感觉的。如果你真的花了时间，总会有被认为虚假做作的风险，就像文斯，电视购物节目中那个兜售"沙姆哇"吸水布的家伙。太多的润色和完善可能会对你不利。练习和倾听反馈是你最好的盟友，但遗憾的是，没有什么魔法公式可以让你做得最好。如果有谁提供了这种魔法公式，或者有谁依赖耍花招或者操纵手段，那他们肯定没有很好地了解受众，或者不相信他们自己推销的东西。

　　我能提供的最好的实战建议是确保别人给予积极回应时你已准备好如何应对。如果他们说："你的想法很有趣。你想从我这儿得到什么呢？"资金？团队？与高管会面？高管审核更长提议的承诺？了解自己需要什么，在心里演练一下各个步骤，准备好说出你的需求。如果你还需要得到其他人的批准，就请他们为你安排一次会议。如果有表格需要填写，请确保随身携带表格。如果你刚刚在电梯里向某人推销过，只需要征得其同意稍后给他发邮件即可。

步骤 8：从失败中学习

很多人都希望自己的第一次推销、第一个宏大想法就能带给他们想要的东西，这一点我并不感到意外。大多数推销都以失败告终。大多数生意也都不景气。大多数成功的创新人士，包括企业家，也都是推销 N 次才终于成功一次。在他们得到所需的资金或支持后，想法终于向现实迈进，但他们仍然需要向世界进行推销，只不过变成了另一种类型的推销。创新者重任在肩：如果你想打造新东西，许多不那么有趣的东西就会搭便车。这意味着当事情进展不顺利时，不要浪费时间抱怨不公平，因为实际上在某种意义上这是相当公平的。每个人的想法都会被拒绝，无论这些想法是好是坏。没人能够幸免。最有用的方法就是把发生的事情转化为学习经验。不要一遍又一遍地重复同样的错误。花些时间来总结一下哪些事情做得不错，哪些事情做得糟糕，以及从中能学到什么。

在一次失败的推销之后，不要还没弄清楚哪里出了问题就上床睡觉了。他们不同意哪些观点？他们在哪里打断了你？他们反驳了哪些假设？你从中可能悟出，给想法开绿灯是有标准的，只是你还不知道。他们可能对你的推销方式心生不满：也许他们不喜欢你在他们午餐时"搭讪"，并在他们面前挥动宣传材料。如果房间里有其他人目睹了你的推销过程，那么向他们寻求反馈。简而言之，也就是推销虽然结束了，但要让其价值最大化，这样才能回本，确保下一次推销比上一次更好。要毫不犹豫地重塑你的想法，利用你从推销中学到的东西，不仅使推销，而且使想法本身，变得比以前更好。从战术角度问自己："我还能向谁推销我的想法？"每个组织的等级制度都有很多同级别的人。他们之中会有人感兴趣吗？然后回到步骤 3 的指南，考虑一下需要在多大程度上做出调整或者如何将你的想法分成更小的想法。也许你可以首先专注于宏大想法的第一个小点，取得初步成功后再重新审视剩下的部分。

步骤9：走自己的路

在每一个创造性的追求中，都有被"体制"排斥的人，他们自力更生，积累自己的资源，并且创造了不凡的业绩。《大人物拿破仑》《疯狂店员》《少年派的奇幻漂流》这样的低成本电影之所以能成功，是因为那一小部分人对自己的想法有足够的信心，愿意做出牺牲，自己动手，冒险而为。本书提到的许多著名公司起初都是独立自主经营的。如今，自助出版书籍和小说比以往任何时候都要容易。企业，尤其是网络上的企业，可以通过小额商业贷款或二次抵押贷款筹措资金。如果你的想法推动力强劲，足以让你付出时间冒险而为，那么办法总比困难多。这可能要求你不得不缩小目标，但那又怎样呢？无论如何，即使有人给了你所有需要的资源，你也可能会将目标分解。但是如果选择自己做，你就控制了所有你所关心的事情——不必顾及与你志趣相左的人士的意见。在申请资金的时候，没有什么比完全靠自有资金完成类似项目的经验更能让你的简历增色了。而且，最让你有成就感的事情，莫过于做出任何决定都无须妥协、让步，而你从他人那里获取资金支持时却不得不低下高贵的头。总有一种办法让你梦想成真——只要你有足够的创造力去找到它。

第14章

如何保持斗志

有伟大的任务都考验着我们做事的动力。几杯啤酒下肚,想法就不请而来;在餐巾纸背面画个草图就能轻易改变世界。多么美好的幻想——但是,就像大多数从酒吧带回家的想法一样,新的挑战在第二天才出现。晨曦中开始工作时,伟大的想法变得比几个小时前复杂多了。在这个世界上,做有趣的事情是需要付出努力的,所以,我们经常会为了相对简单、容易预测的事情放弃了自己的激情,这并不奇怪。尽管我们喜欢谈论天赋——那个乳臭未干、被吹嘘得神乎其神,但却有点用的小混蛋——但如果我们反复无常,动辄将其锁在地下室里,那它就不能为我们做任何事情了。要获得成就,我们需要去发现个人动机并学会使用它们。所有领域的大师首先都是伟大的自我激励能手,精心策划,指挥自己去实现他人不能(或不愿)实现的事情。然而,没有一本现成的励志手册,只有一张标有地标的藏宝图和几个骰子可掷——你只能去碰碰运气,自己摸索。

主要的激励因素

以下这些激励因素是我从自身以及本书前面提到的一些著名传说中发现的。如果这些因素切实有效,我希望你能斗志昂扬;如果它们起不到什么作用,就想想哪些方面还有所欠缺,去寻找适合自己的方法。

愤怒之势能

什么惹怒了你?在这个世界上,在你的社区里,在你的单位、你的家庭里，到底出了什么问题？你是怎样应对的？或者就像其他人那样，你只是坐在那里，假装再过一周、一年，什么事就都没有了？你打算什么时候把挫折当作燃料，鼓励自己去做一些事情，做任何让世界向正确迈进哪怕一小步的事情？不要只是发泄：把愤怒转化为可能。用一个系统排出的气体来驱动另一个系统。回收负能量，将其塑造成无可挑剔的善举——无论这些负能量来自批评、指责还是竞争，哪怕它来自你自己的内心。

必须亲自动手？ / 算了吧，别再抱怨了

所有伟大的想法都需要付出艰苦的工作。梵高自己调颜料；米开朗基罗自己雕刻大理石。如果你因为不想弄脏手而退缩，就得知道你只能在一家不怎么样的公司里混日子。有时候，去发现、去成长、去创造伟大事物，其唯一途径是通过学习基本的、琐碎的、平凡的东西：大量的重复工作足以让你精通任何东西。学习画画、唱歌或跳舞是一个技能缓慢提高的过程——不见其增，日有所长。在你尝试一项非常酷的挑战之前，你可能需要完成一项不那么酷的任务。贝多芬和莫扎特也像其他人一样练习音阶，所以当轮到你练习的时候不要抱怨。或者你也可以开动脑筋：找个人，给他点钱，让他干你不愿意干的那部分工作；或者找个搭档，与他就你喜欢的宏大想法争个昏天黑地。

疯狂之必要性

故意把自己置于绝境——无路可退，只能破釜沉舟以求生路。签个出书协议，辞掉工作拍电影，买张单程票去一个你认识的人当中没有一个人去过的地方。如果你有家属（配偶、孩子、你的爱猫布灵奇），拿你的生命冒险是不明智的。但是，为了完成你的疯狂"绝境"之举，在你向亲人

寻求帮助，特别是亲自上门寻求帮助时，你会惊讶，原来你可以得到如此之多的支持。如果你不去寻求帮助，或者任何时候都不曾以任何方式疯狂过，你只能怪你自己：除了你自己，没人有义务为你的想法负责。诚然，你确实不知道把事情做到极致会带来什么结果，但这正是追求极致的原因。

不可无傲骨

证明人们是错的。他们说这是不可能的？做就对了。他们告诉你这是浪费时间？浪费又如何。永远不要让任何人来决定你成为什么样的人，如何利用你的时间，或者你能做什么。把那个否定你的人变成一个竞争的路标，把每个怀疑你的人重新塑造成一个隐秘的扭曲的啦啦队队长。但是别在意他们的批评言辞——把那些不堪入耳的话当作弹药。接过他们的尖酸评判，把它套在你的傲骨之马上，骑着它，越过愚人，越过山丘，朝着你的梦想前进。没人监督？给自己设定一个你未必能达到的目标。把它写下来，签上名，贴在卧室的墙上，给朋友和家人看，这样你就只能勇往直前，没办法从后门溜之大吉了。

死而无憾

如果你想让你的人生像汽车一样跑出最大公里数，那就把这辆汽车当成你一生唯一的汽车来对待。亨利·罗林斯说过："我们的潜能无限但时间有限。"他的意思是，你不能什么事情都做，但如果你做出明智的选择，你可以做任何一件想做的事情。也许那件事不会做得像你想的那样好，也不足以用来维持生计，但如果你有动力在死前去做的话，它就会以某种形式走进你的生命里。每周一次，想象一下自己躺在灵床上（这很有趣：想想墨西哥的亡灵节），问问自己：如果我知道自己今天死期将至，有什么事情是我后悔没有做的。列个清单,然后马上去做。否则,你活该有这些临终的遗憾:你知道死亡一直在逼近。

弄清你的喜好

知道自己喜欢什么。追随那些能让你笑到岔气的东西。你可能需要一辈子的时间才能找出这样的东西,因为:

- 喜好会随着我们年龄的增长而变化。
- 很难把我们应该喜欢的东西和我们真正喜欢的东西分开(我喜欢在公园里裸奔,但那样做我肯定会被臭骂)。
- 其他人,尤其是成年人,很少有什么喜欢的东西。

学会倾听自己内心的声音,你 8 岁时的本真声音,那种被成年人(甚至你自己)打断的声音,然后你就知道自己喜欢什么了。你可能需要远足或独自旅行,就像佛陀、耶稣和孔子都做过的那样,享受拓展的空间,几百小时里你可以独自做出任何决定,这时你才能听到内心的声音,但其实它一直在那儿。如果你知道如何玩得开心(如果有必要,自己玩),你就会一直有动力去做事。

狂友为伴

结交"好"朋友。开始午夜公路之旅?——好吧;合写个糟糕的剧本?——好吧……我们都有过疯狂的朋友,但大学毕业后,当事业、家庭和其他成熟的追求占据了生活的中心时,他们就淡出了。然而,当动力减弱时,去把他们找回来。他们最懂你,能够在你的身边支持你,提高你成功的概率。动用你的朋友圈：成为彼此的疯狂朋友。

自律

保罗·西蒙说："如果我们愿意努力寻找，总能找到动因。"动机就在内心等待着我们，如果我们愿意剖开恐惧、悲伤、矛盾，就能发现它们。没有哪个职业运动员喜欢每天都训练，但他们依然每天都训练；没有一个职业作家喜欢每天都写作，但他们依旧笔耕不辍。动机之于纪律不像军训，不用使出教官那一套（尽管有时这可能会奏效）。相反，当你发现自己缺乏斗志时，写下那些可能激励你的问题和情感，看看哪一条能让你心跳加速。问问你自己：一周后回头看，我是希望我今天努力工作了还是偷懒了？当你感到缺乏斗志时，你需要自律去寻找动力，但这就是艺术家和幻想成为艺术家的人之间的区别。为此目的，我希望本书已经帮助你发现了自己拥有的能力是什么。

附录

研究与推荐

本附录意在为你的好奇心提供滋养：如果你想更多了解本书涵盖主题的更多知识，可以参考我提供的大量附注。这里我们列出两个文献目录——一个是带注释的，另一个是按序排列的——此外还附有他人的研究小结，这些都为我的写作提供了支撑。祝你好运！阅读过程中发现了什么宝贝请告诉我。

神话与神话学

神话有多种类型，但在本书中，我重点关注那些虽然有明显证据表明并不属实但人们依旧欣然接受的类型。其他类型的神话，如各地文化中的神话（如希腊神话），通常不存在属实与否的问题，人们阅读此类神话是为了欣赏，因而功能有异。我最初计划在本书中也探究此类神话，但在写作过程中还是重点关注了"迷思"——指代"误区"的贬义表述。为了探究此类神话的力量，我强烈推荐以下两本书。

约瑟夫·坎贝尔和比尔·莫耶斯于1992年出版的《神话的力量》（*The Power of Myth*），出版社：Anchor。

本书是约瑟夫·坎贝尔（Joseph Campbell）经典著作中最

易理解的一本。内容是比尔·莫耶斯（Bill Moyers）进行的一系列采访的合集，涵盖了坎贝尔其他作品中的许多重点主题。最重要的是，本书解释了神话为何重要，如何发挥作用，以及与当今挑战有何相关。如果你喜欢此书，可以继续阅读坎贝尔于 1995 年出版的《指引生命的神话》（*Myths to Live By*）（出版社：Souvenir Press Ltd）。

凯伦·阿姆斯特朗于 2005 年出版的《神话简史》（*A Short History of Myths*），（出版社：Canongate）。

本书篇幅不长，从创世神话一直到现代，追溯了神话的历史。阿姆斯特朗（Armstrong）是一位大师，他以一种轻松明快而又不失学术性的方式探讨了信仰这个主题，与《神话的力量》相得益彰。两本书均避开了落入众神比较或者比较神话的俗套，但都埋下了好奇的种子，引你入殿，一探究竟。

商业创新

如今，鲜有商业创新的流行书籍将其成功归功于该领域的早期开创性著作。通常，此类书籍会使用界定明确的普及性观点，但并没有恰当表明观点的出处。在我看来，那些老书更富有说服力，因为它们经年累月，说明作者透过表象，洞察到了更深层次的智慧。

彼得·德鲁克于 1993 年出版的《创新与企业家精神》（*Innovation and Entrepreneurship*）.（出版社：Collins）。

本书是我进行研究所参考的明星作品。它行文巧妙、简洁、流畅，用故事而非数据论证观点。如果你想了解创新这一领域或者对创业感兴趣，这是一本必读书籍。

安德鲁·哈格顿于2003年出版的《突破是如何发生的：让人吃惊的公司变革真相》（*How Breakthroughs Happen: The Surprising Truth About How Companies Innovate*）（出版社：Harvard Business School Press）。

哈格顿（Hargadon）触及了我在研究中发现的许多主题，他更在意有趣的历史故事，而不是图表和统计数据。惟一遗憾的是我没能早点找到这本书。

理查德·福斯特于1988年出版的《创新：进攻者的优势》（*Innovation: The Attacker's Advantage*）.（出版社：Simon & Schuster）。

据我所知，这是第一本使用创新S曲线模型的书，该模型被许多现代商业书籍借用。回到思想的源头往往颇具价值，在这一点上福斯特（Foster）没有让人失望。与前面列出的两本书不同，本书的核心是战略与战术，但它也根据历史分析了这些战术为何有效。另一本被人忽视的书是詹姆斯·M·厄特贝克（James M. Utterback）所著的《掌握创新的动力》（*Mastering the Dynamics of Innovation*）——如今鲜被提及，但值得一读。

盖伊·川崎于2004年出版的《创业智慧》（*The Art of the Start*）（出版社：Portfolio）。

从标题便知作者精通市场营销。书很薄，没有过多触及历史和理论，但倡导行动、动力和勇气。对于抑制多言寡行这个创新杀手而言，本书无疑提供了一剂解药。

创造性思维与问题的解决

关于这两个主题，我读过相关的经典著作、畅销书、研究论文以及科学研究报告。然而，对关键创意更为有力的解释来自发明家本人的记录与讲述。这些故事对我的影响更为深远，意义更加深刻，因此，我在讲座或研讨会上使用这些例证时，也更具说服力。

约翰·梅迪纳于2008年出版的《让大脑自由》（*Brain Rules*）（出版社：Pear Press）。

本书是神经科学研究的典范，内容包括在创造性活动及其他任何活动中如何最有效地利用大脑。梅迪纳（Medina）文笔颇佳，书中所述既予人娱乐又发人深思。强烈推荐。

米哈里·希斯赞特米哈伊于1997年出版的《创造力：心流与创新心理学》（*Creativity: Flow and the Psychology of Discovery and Invention*），（出版社：Harper Perennial）。

他是创造力研究的大师，在他的著作中，本书是我的最爱。本书基于对许多创新人士的长期研究，考察他们如何看待创造力的发生机理。他的研究对第一章述及的流程提供了最为清晰的描述。

HBO于1998年首播的《从地球到月球》（*From the Earth to the Moon*），第五集："Spider"。

此剧是美国航空航天局登月竞赛精彩剧本的第五部分。本集重点着墨月球着陆器的设计；故事话题涵盖政治、被忽视的创意、创造性解决问题、合作以及几十个其他话题。强烈推荐。你可以和你的同事一起看，以此为参照思考你所在的组织是如何运作的。这是电影《阿波罗 13 号》（*Apollo 13*）的绝佳搭档。

肯尼思·A. 布朗于 1988 年出版的《他们能使 1+1=3：当代美国十六位杰出发明家访问录》（*Inventors at Work: Interviews with 16 Notable American Inventors.*）（出版社：微软出版社）。

本书是对 20 世纪伟大发明家的系列采访，是苏珊·M. 拉默斯（Susan M. Lammers）所著《编程大师访谈录》（*Programmers at Work*）一书的姊妹篇，也是由微软出版社出版的。如果你想创新，最好的办法就是聆听创新者是怎么进行创新的。这本访谈录涵盖了许多精彩的主题和故事。忘掉那些"如何变得更有创造力"之类的书吧——读读这些访谈录，然后去付诸实践。（不妨再读读杰西卡·利文斯顿（Jessica Livingston）的著作——《创始人在工作：初创公司早期的故事》*Founders at Work: Stories of Startups' Early Days*，[Apress, 2008]）。

欧文·斯通于 2004 年出版的《痛苦与狂喜》（*The Agony and the Ecstasy*）.（出版社：NAL Trade）。

历史小说很难写，但本书写得很好。作者基于广泛的研究，将米开朗基罗（Michelangelo）的生平以小说的形式呈现给读者，强烈推荐志存高远的创新人士阅读此书。米开朗基罗是一名伟大的画家，对他生平的细节描述——尤其是他对当时强权的抵抗——会激荡起你内心的熊熊烈火。1965年拍摄有一部同名电影，但还是建议先读原著。这部电影由查尔顿·赫斯顿（Charlton Heston）主演，但无法像原著那样给未来的创新者带来洞见（与讽刺艺术家和创意人士边喝啤酒边观看影片还是蛮有趣的。）

艾莎·弗莱托于1992年出版的 They All Laughed.（出版社：哈珀·柯林斯出版集团）。

本书是系列短文的汇编，主题是伟大的发明是如何诞生的，包括电视、特氟龙、复印机、凡士林和橡皮泥。弗莱托（Flatow）的视角是戏剧性事件与苦难历程，因为收录的所有故事中，主人公的遭遇都出乎意料地曲折、艰辛、令人沮丧。书中记述的不是深邃的史实，准确性也有所欠缺，但可读性很强，发人深省，令人谦卑。

历史与文化

明智之举的解读之一是因时、因势而动。你需要把一件事与另一件事进行对比，获得启示，然后明智而为。要在任何一个领域有所建树，你必须要回顾历史——从中发现事件的清晰图景及历史渊源，为当下提供环境参照。我在研究期间所读的书中，大约三分之一是种类各异的历史书籍。此举既能使我比较不同书籍对过去事件的记述，又能助我更好地理解如何将历史作为工具服务当下。

詹姆斯·W. 洛温于1996年出版的《老师的谎言》（Lies My Teacher Told Me）（出版社：Touchstone）；霍华德·津恩于1980年出版的《美国人民的历史》（A People's History of the United States）（出版社：哈珀·柯

林斯出版集团）。

揭开被遮蔽了几十年的真相需要勇气，以上两本书都直面了这一挑战。洛温（Loewen）的书专注于对美国学校教科书进行分析，单是对感恩节的重新解读就使本书物有所值。津恩（Zinn）的作品更具政治色彩，势必有助于填补美国人看自己与世界看美国人之间的沟壑。两本书都具有改变读者世界观的实力，然而，他们有时确实会落入陷阱：告诉你什么没有发生，而不是发生了什么。这一点我会极力避免。

爱德华·霍列特·卡尔于1967年出版的《历史是什么？》（*What is History?*）（出版社：Vintage）。

区区200页的书读完竟能令你心醉神迷，此类书值得被特别表扬，本书就是其中一本。历史编纂领域的一些人士认为本书太过戏剧化、太过张扬，但我觉得这并无不妥。本书向我明示了历史学家应该拷问的重大问题，激起了我寻求答案的兴趣。

阿诺德·佩西于1992年出版的《智慧迷宫》（*The Maze of Ingenuity*）（出版社：MIT Press）。

佩西（Pacey）意在展示当今的创新与西方几个世纪以来的创新之间有何相似之处，重在探索不同时期的文化如何看待创新的价值。本书短小精悍，如果你惊奇于古老技术是如何创生的，你会喜欢本书，记住本书的。

埃弗雷特·M.罗杰斯于1995年出版的《创新的扩散》（*Diffusion of*

Innovations）（出版社：Free Press）。

正如前面提及的，这种理解创新的人类学方法令人信服，颇具影响力。本书体大思精，但故事非常精彩，所以你不会介意它的篇幅与学术风格的。对于这本书来说，跳读是可行的，因为作者已经开宗明义，而且中心思想贯穿始终。

按序排列的文献目录

传统文献目录很少能发挥作用。它们模糊了先前作品的相对价值，忽略了作者是如何使用这些作品的（这些资料是用来精读、略读，还是拿来当镇纸？）除了加注文献目录，我还尝试采用不同格式整理出一个综合列表，也就是这个按序排列的文献目录，旨在说明在我的研究过程中哪些资料引起了注意，以及引起我注意的频率。

下面的文献目录顺序是在我所做的200多页研究笔记的基础上整理而成的。读书时，我每做一次笔记计一分，文献目录按照文献的得分从高到低进行排序。没有一个理想的系统来对影响力进行排名（此种排序方式的缺陷是，并非每次笔记都对我产生了同样的影响），但这在所有排序方式中属于最优的。

82, *Innovation and Entrepreneurship*, Peter Drucker

67, *How Breakthroughs Happen: The Surprising Truth About How Companies Innovate*, Andrew Hargadon

55, *Diffusion of Innovations*, Everett M. Rogers

55, *The Engines of Our Ingenuity*, John H. Lienhard

52, *Creativity in Science: Chance, Logic, Genius, and Zeitgeist*, Dean Keith Simonton

50, *Fire in the Crucible: The Alchemy of Creative Genius*, John Briggs

49, *The Grace of Great Things: Creativity and Innovation*, Robert Grudin

46, *Really Useful: The Origins of Everyday Things*, Joel Levy

46, *Breakthrough: Stories and Strategies of Radical Innovation*, Mark Stefik and Barbara Stefik

44, *Innovation: The Basis of Cultural Change*, H. G. Barnett 36, *The Maze of Ingenuity*, Arnold Pacey

35, *Beethoven: The Universal Composer*, Edmund Morris

34, *Creativity: Beyond the Myth of Genius*, Robert W. Weisberg

33, *The Evolution of Technology*, George Basalla

32, *Mastering the Dynamics of Innovation*, James M. Utterback

30, *Sparks of Genius*, Robert S. Root-Bernstein and Michele M. Root-Bernstein

28, *Connections*, James Burke

27, *What Is History?*, Edward Hallett Carr

26, *The Innovation Paradox: The Success of Failure, the Failure of Success*, Richard Farson and Ralph Keyes

24, *A Brief History of the Future*, John Naughton

23, *The Company: A Short History of a Revolutionary Idea*, John Micklethwait and Adrian Wooldridge

22, *Isaac Newton*, James Gleick

22, "Philosophy of History," Paul Newall (*http://www. galilean-library.org/site/index.php?/page/resources?record=47*)

22, *Innovation: The Attacker's Advantage*, Richard N. Foster

21, *Inventors at Work: Interviews with 16 Notable American Inventors*, Kenneth A. Brown

21, *Applied Imagination*, Alex F. Osborn

20, *Future Hype: The Myths of Technology Change*, Bob Seidensticker

19, *Fumbling the Future: How Xerox Invented, Then Ignored, the First Personal Computer*, Douglas K. Smith and Robert C. Alexander

19, *Medici Effect: What Elephants and Epidemics Can Teach Us About Innovation*, Frans Johansson

18, *How We Got Here: A Slightly Irreverent History of Technology and Markets*, Andy Kessler

17, *They All Laughed*, Ira Flatow

17, *Gutenberg: How One Man Remade the World with Words*, John Man

16, *A Short History of Myths*, Karen Armstrong

16, *The Innovators: The Discoveries, Inventions, and Breakthroughs of Our Time*, John Diebold

16, *The Big Idea*, Steven D. Strauss

16, *Origins of Genius: Darwinian Perspectives on Creativity*, Dean Keith Simonton

16, *The Victorian Internet*, Tom Standage

15, *Innovation: Driving Product, Process, and Market Change*, Edward B. Roberts

14, *Bootstrapping: Douglas Engelbart, Coevolution, and the Origins of Personal Computing*, Thierry Bardini

14, *Myth: A Biography of Belief*, David Leeming

12, *Lucky or Smart*, Bo Peabody

12, *Creativity: Flow and the Psychology of Discovery and Invention*, Mihaly Csikszentmihalyi

12, *The Progress Paradox: How Life Gets Better While People Feel Worse*, Gregg Easterbrook

12, *The Creative Habit: Learn It and Use It for Life*, Twyla Tharp

12, *The Innovator's Solution: Creating and Sustaining Successful Growth*, Clayton M. Christensen

11, *Lost Discoveries*, Dick Teresi

11, *The Art of the Start: The Time-Tested, Battle-Hardened Guide for Anyone Starting Anything*, Guy Kawasaki

11, *Amazon.com: Get Big Fast*, Robert Spector

11, *Eurekas and Euphorias: The Oxford Book of Scientific Anecdotes*, Walter Gratzer

10, *National Geographic Book of Inventions*, Ian Harrison

10, *Blink*, Malcolm Gladwell

10, *Visions of Technology*, Richard Rhodes

10, *The Google Story*, David A. Vise and Mark Malseed

10, *Alexander the Great's Art of Strategy*, Partha Bose

10, *Technological Innovation: A Critical Review of Current Knowledge*, Patrick Kelly and Melvin Kranzberg

9, *Organizing Genius: The Secrets of Creative Collaboration*, Warren Bennis and Patricia Ward Biederman

9, *The Art of Innovation,* Tom Kelley, Jonathan Littman, and Tom Peters

9, *Blockbusters,* Gary S. Lynn

9, *Harvard Business Review on Innovation,* Harvard Business School Press

9, *Managing Creativity and Innovation,* Harvard Business School Press

8, *Ten Theories of Human Nature,* Leslie Stevenson and David L. Haberman

8, *Juice: The Creative Fuel That Drives World-Class Inventors,* Evan I. Schwartz

8, *The Wisdom of Crowds,* James Surowiecki

8, *The Change Function: Why Some Technologies Take Off and Others Crash and Burn,* Pip Coburn

8, *The Act of Creation*, Arthur Koestler

8, *Founders at Work: Stories of Startups' Early Days,* Jessica Livingston

8, *The Sciences of the Artificial,* Herbert A. Simon

7, *Forbes' Greatest Business Stories of All Time,* Daniel Gross

7, *Salt: A World History*, Mark Kurlansky

7, *One Good Turn: A Natural History of the Screwdriver and the Screw*, Witold Rybczynski

6, *Higher: A Historic Race to the Sky and the Making of a City*, Neal Bascomb

6, *We Reach the Moon: The Story of Man's Greatest Adventure*, John Noble Wilford

6, *The Search: How Google and Its Rivals Rewrote the Rules of Business and Transformed Our Culture,* John Battelle

6, *Dealing with Darwin: How Great Companies Innovate at Every Phase of Their Evolution,* Geoffrey A. Moore

6, *Just for Fun: The Story of an Accidental Revolutionary,* Linus Torvalds and David Diamond

6, *Industrial Creativity: The Psychology of the Inventor*, Joseph Rossman

5, "Scientific Method," Wikipedia (*http://en.wikipedia.org/ wiki/Scientific_method*)

5, *Innovation: The Missing Dimension*, Richard K. Lester and Michael J. Piore

4, *The Perfect Thing: How the iPod Shuffles Commerce, Culture, and Coolness*, Steven Levy

4, *Invention by Design: How Engineers Get from Thought to Thing*, Henry Petroski

4, *The Private Life of a Masterpiece*, Monica Bohm-Duchen

4, "Johannes Gutenberg," Wikipedia (*http://en.wikipedia.org/ wiki/Johannes_Gutenberg*)

4, *The Structure of Scientific Revolutions*, Thomas S. Kuhn

4, *Mavericks: How to Lead Your Staff to Think Like Einstein, Create Like Da Vinci, and Invent Like Edison*, Donald W. Blohowiak

4, *The Eureka Effect: The Art and Logic of Breakthrough Thinking*, David Perkins

3, *Creativity in Business*, Michael Ray and Rochelle Myers

3, *The Map of Innovation: Creating Something Out of Nothing*, Kevin O'Connor and Paul B. Brown

3, *Innovation at the Speed of Laughter: 8 Secrets to World- Class Idea Generation*, John Sweeny

3, *Revolution in Science*, I. Bernard Cohen

2, *Dealers of Lightning: Xerox PARC and the Dawn of the Computer Age*, Michael A. Hiltzik

2, *The Sociology of Invention*, S. C. Gilfillan

1, *The Perfect Store: Inside eBay*, Adam Cohen

1, *The Future of Ideas: The Fate of the Commons in a Connected World*, Lawrence Lessig

1, "Of Innovations," Francis Bacon (*http://oregonstate.edu/instruct/phl302/texts/bacon/bacon_essays.html/*)

1, *Cracking Creativity: The Secrets of Creative Genius*, Michael Michalko

1, *When Old Technologies Were New*, Carolyn Marvin

1, *Mavericks at Work: Why the Most Original Minds in Business Win*, William C. Taylor and Polly LaBarre

0, *The Art of Project Management*, Scott Berkun

其他研究来源

- **访谈**。在两年的时间里，我采访了一百多人，有的是通过打电话或发电子邮件，有的是坐飞机或公共汽车碰巧遇到时开始"闲聊"，还有的是在会议室里进行辩论或者喝着啤酒，酣谈数小时。这些对话是我的主要创作灵感来源，助我将清书中应该纳入哪些神话，以及从哪个角度切入。有些创新故事太过生动形象，太过引发尴尬，太过令人感到荒谬，甚至逾越了法律界限，无法留下文字记录，因而访谈是捕捉这些真实故事的唯一方式。

- **讲座和讨论**。书中的一些主题在谷歌、微软、亚马逊、Adaptive Path公司MX周、西雅图思维训练营（Seattle Mindcamp）、奥莱利之友训练营和点燃平等星火训练营（O'Reilly's FOO camp and

Ignite!）、华盛顿大学及麻省理工学院的讲座中展示过。对于那些给我提出问题、指出错误以及我讲笑谈时开怀大笑的受众，我深表感谢。

- **博客**。我尝试使用我的网站来提出问题、寻求参考意见、提出假设以收集反馈，并扩展我的研究边界。事实证明，这是一种绝佳的方式，使我得以从未从谋面的人士那里获得帮助。
- **调查**。110名自许为创新者的人士填写了在线问卷，内容涉及一般创新与创新神话。参与者中有科学家、作家、计算机程序员及艺术家。此项调查的目的是提供轶事证据，但结果并没有那么严谨，只限于第六章的结论推断。
- **时间检验**。本版得益于近三年来对企业、组织和初创公司的访问，使得我得以在初版的基础上进行进一步的探索。书中的观点已经经受过长时间的考验，我希望它们在未来仍能经得起检验。但如果它们没能继续站稳脚跟，而是为更好的理念所取代了，我也会很高兴。

图片版权

章节开篇图片

序言：美国纽约州纽约市，Yann Le Coroller

第一章：拍摄于德国朗格奥格，Lothar Knopp

第二章：法国巴黎，Frank Lee

第三章：美国加利福尼亚州圣塔克鲁兹的9号高速公路，Chuck Rogers

第四章：戴维位于西雅图的公寓，David Adam-Edelstein

第五章：澳大利亚墨尔本，James Robertson

第六章：澳大利亚墨尔本，James Robertson

第七章：中国丽江，Fillip Forte

第八章：拍摄于德国波茨坦的无忧宫，Lothar Knopp

第九章：美国德克萨斯州，Robin Walker

第十章：德国朗格奥格，Lothar Knopp

第十一章：美国加利福尼亚州旧金山市，Steve Rotman

第十二章：泰国大城府，McKay Savage

第十三章：捷克共和国布拉格，Goran Patlejch

第十四章：西班牙巴斯克地区毕尔巴鄂，Joris Verboomen

附录：James Hague

插图

图 2-2，Maria Kaloudi 拍摄

图 3-1，Liam Abrahamsen 拍摄

图 4-1，Jimmy Wewer 拍摄

图 8-1，NASA/JPL-CalTech 授权

图 9-1，© 伦敦泰特美术馆，2007年

图 10-2，W1950-3-1，Rubens, Peter Paul；《被缚的普罗米修斯》；费城艺术博物馆：华莱士典藏馆购买，1950年

图 10-3，美联社/全球影录（Wide World Photos）

致　谢

本版致谢

　　一本写创新的书是不是也应该尝试一下创新的想法？尽管我对众包（利用网络号召众人为某事群策群力）持怀疑态度，但出于好奇，我邀请 www.scottberkun.com 的读者自愿为这本《创新的思考》贡献点子。60 多人当起了志愿者：有些人做事不多，但有 20 多人贡献显著。一些朋友也来帮忙。我们把本书按章节来分配任务，各司其职，各负其责：找拼写错误、提出改正意见、改进参考资料、提出反驳意见，使本版本尽可能做到准确无误、与时俱进。身为作者，得到如此之多的帮助实属荣幸，在此深表感激。

　　助力团成员包括：Divya Manian, Paul Tevis, Vasu Srinivasan, Sara Vermeylen, Nathan Bashaw, Chris Granger, Kimm Viebrock, Bella Martin, Ben Ahroni, Terence Tourangeau, Kav Latiolais, Rob Davis, Harald Felgner, Branimir Ćorluka, Andrew E. McAdams, Allison Jacobsen and Piotr Tyburski (who were my URL Overlords), Dan Roberts, Ian Tyrrell, Simon Rogers, Del Cook, Dmitri Schoeman, Royal Winchester, Jody Rae Prival Myers, and Mike Nitabach.

　　感　谢 Mary Treseler, Marlowe Shaeffer, Rachel Monaghan, Mark Paglietti, Sara Peyton 以及奥莱利传媒公司助力本书的所有人，没有你们的努力，本书不可能顺利出版。本书写作过程中欣赏过的音乐作品包括：Cake, Johnny

Cash, Elliott Smith, Cat Power, Pink, National Trust, Caledonia, The Cars, Public Image Ltd, The Clash, Dropkick Murphys, Mozart, Sonny Rollins, Patty Griffin.

原版致谢

致 Jill：感谢 16 年来为我所做的一切。

感谢本书的编辑 Mary O'Brien，感谢你的首肯，感谢你赢得了我的信任，感谢你任我纵横驰骋。

感谢我的朋友，摇滚明星般豪华阵容的制作编辑 Marlowe Shaeffer 及其制作团队 Kate Basart（封面），Rob Romano（插图），Ron Bilodeau（内页设计），Caitrin McCullough（评论），Sara Peyton（公共关系），Steve Fehler（创意总监），Reba Libby（校队），and Ellen Troutman（索引制作）。

感谢在凌晨两点寂静的夜晚陪伴我的夜猫子们，他们工作起来近乎疯狂。

感谢 Bob Baxley 称我为懦夫（说得有道理）。感谢 Christopher Konrad 说我是是个白痴（说得也没错）。

感谢所有不回复我邮件的人，他们也许正为此事感到不好意思。

感谢 Avett 兄弟提醒我要全力以赴，做任何事都不可半途而废。

感谢 Richard Stoakley, Bob Baxley 以及 Faisal Jawdat 对本书初始框架提出的反馈。

感谢刚直不阿的审阅团队：Faisal Jawdat, Robin Jeffries (Google), Bryan Zug, James Refill 以及 Bob Baxley。

感谢如下老师、导师：Todd Berkun, Rob Elkins, Jerry Reinstein, Adam Stein, Don Cole, Wilfred Seig, Joe Belfiore, Chris Jones, Steve Capps, and Mark Ashley.

感谢金县图书馆系统（The King County library system）及相关馆员，他

们助力我完成馆际互借。

感谢如下朋友为我付出了时间：Jeff Hawkins, Cory Ondrejka, Ian Phillips, Neil Enns, Stephen Rosenthal, Mark Colburn, Prasadi de Silva, Gary Flake, Derek Bates, John Musser, Richard Stoakley (Overcast- media.com), Kenneth Norton, Kevin Schofield, Lynn Cherny, Erin McKean, Greg Linden, Adam Green, Matt Conway, Josh Strater, Brian Hutchinson, Ross Andrus, Mike Vance, Sachin Bhatia, Ian White, Paul Sauruzi, Saul Griffith, Joshua Schauer, Gaurav Oberoi and Chuck Groom (Billmonk.com), Hillel Cooperman (Jacksonfish.com), Piero Sierra, David Hounsell (CMU), John Li (menuism.com), Steve Capps, Sarah Nelson 以 及 Josh Orum（还有一些人没有记住名字，这些名字原本记在我的 Moleskine7 号笔记本上，乘坐大陆航空公司 1739 航班上时笔记本不幸遗失。祝我满是涂鸦的笔记本好运）。

感谢如下人士为本书提供的许可、建议、博客评论及其他帮助：Mark Denovich, Carrie Devine, Gregory Raiz, James Bul- lock, Timothy Johnson, Jeff De Cagna, Powel Brodzinksi, Courtney Center, Dan Saffer, Brian Jepson, Jim Kalbach, Kevin Morrill, Rami Nasser, Eric Nehrlick, Peter Cavallo, Hanif Rehman, Catarina Flake, Dion Hinchcliffe, Jay Zipursky, Justin Martinstein, Noah Brier, Konrad West, Alexis Leon, Jason Fried, Bill Stevenson, Rory O'Connor, Gernot D Ross, John Jantos, Sam Greenfield (wiseass), Rob Lefferts, Leddom Lefferts, Shawn Murphy, Phil "5-card stud" Simon, Chris "cycling is not a sport" McGee, Mike "spin-move" Viola, David "pretty boy" Sanberg, Joe "gourmet" Mirza, 以及永远光彩照人的 Richard "Chinaski" Grudman。

感恩本书成书过程中听过的音乐：Wonderful Smith, Neutral Milk Hotel, Avett Brothers（常听）, Arcade Fire, Johnny Cash, The Shins, Thelonious Monk,

Mozart, Beethoven, Bell X1, Cat Power, Aimee Mann, The Breeders, Belly, Cake, Paul Cantelon, Elliott Smith, The Gossip, Jack Johnson, King Missile, Velvet Underground, Frank Sinatra, The Long Win-ters, REM, Radiohead, Social Distortion, Woody Guthrie, Bruce Springsteen, Sleater-Kinney, Regina Spektor 以及 Cut Chemists.

如何帮助推广本书：作者的一个请求

谢谢你购买本书。如果本书超出了你的预期，或者你感觉"如果有更多的人阅读本书，那就太好了"，那么这个页面就是为你而写的。

你也许已经有所了解，我是一位年轻的独立作者，背后没有巨大的营销机器做支撑，没有一帮亿万富翁朋友来帮衬，也没有魔法精灵助阵帮我实现我三个愿望。但是没关系。如果你能挤出几分钟的时间，就能真正帮助本书在这个冰冷、艰难的世界里找到一条自己的出路——毕竟，在这个世界上，有太多的好书从未找到良好的归宿。

选做以下任何一项都能起到帮助作用：

- 在亚马逊网站上写一篇评论。
- 把本书的信息发布在你的博客、脸书或推特上。
- 把本书推荐给你的同事、朋友、朋友的朋友，或者写博客的朋友，同事的写博客的朋友，甚至是在博客上转发朋友的博客的朋友的朋友。抓住一切机会。
- 如果你认识报纸或杂志的撰稿人，给他们写几句话，介绍一下本书——也许碰巧奥普拉（Oprah）或乔恩·斯图尔特（Jon Stewart）还欠你个人情，如果真是这样，此时正是他们报答你的好时机。
- 如果你喜欢假定自己是一名特工，那么就把本书偷偷放在某个重要人物或有影响力的人物的桌子上。
- 你可以在我的网站上发现我每周写的东西，都很不错的。如果你喜欢我写的东西，就请把上面我列的清单再回顾一下，看看你能落实哪项。

你的举手之劳能对我产生重大影响。作为作者，我自说自话无足轻重。但是，你，亲爱的读者，拥有无穷的力量。

你不仅可以帮助本书找到方向，还能帮助我在写下一本书时轻松跨越风险，成就更好的著作。

一如既往，感谢你的帮助和支持。

作者简介

斯科特·伯昆 1994 年到 2003 年在微软担任经理，参与的项目包括 Internet Explorer 浏览器版本 1~5（不包括 6）。他著有三本畅销书——《项目管理之美》(*Making Things Happen*)、《创新的思考》(*The Myths of Innovation*)（精装版）以及《演讲之禅：一位技术演讲家的自白》(*Confessions of a Public Speaker*)，均由出版商奥莱利（O'Reilly）出版。

斯科特是一名全职作家和演说家，他的作品频频出现在《纽约时报》《福布斯》《经济学人》《华盛顿邮报》《连线》和全国公共广播电台以及其他媒体上。他定期为《哈佛商业评论》和《商业周刊》撰稿，在华盛顿大学教授创造性思维，还在微软全国广播公司（MSNBC）、全国公共广播电台（NPR）以及美国消费者新闻与商业频道（CNBC）以创新和管理专家的身份出镜。他还经常在其备受欢迎的博客以及推特上撰写关于创新和创造性思维的文章。

他的人生抱负就是在上图写字台旁边的书架上摆满自己的著作。如果买书架时他能事后聪明，肯定会选购一个小一点的。

创新书系
—— 延伸阅读 ——

开放式创新理论之父亨利·切萨布鲁夫代表作，被清华大学陈劲教授誉为"开放式创新研究的奠基之作"。破拆苹果、宝洁、IBM、英特尔等世界500强企业高速发展的背后之谜。

ISBN：978-7-5454-8312-3
定 价：79.00 元

作者林德加德是领英15inno社区的创始人兼主持人，在这个创新社区汇聚了在全球推行创新的企业中高层，包括宝洁研发总监克里斯·特恩（Chris Thoen）等高管。这是一本在企业内部，从战略、组织、人才、领导力等方面推动创新落地的管理指导书。

ISBN：978-7-5454-8257-7
定 价：79.00 元

清华大学陈劲教授、浙江大学吴晓波教授领衔推荐。MIT教授纵览西方科技变迁史的重要创新案例，并总结出了一套关于产品创新、流程创新、产业创新的规律、范式及模型。

ISBN：978-7-5454-8879-7
定 价：89.00 元

扫码购书